新·闻·传·播·学·文·库

人工智能如何改变新闻

技术、媒介物质性与人机融合

How Artificial
Intelligence Changes
Journalism

吴璟薇 / 著

中国人民大学出版社
·北京·

总　序

自 1997 年国务院学位委员会将新闻传播学擢升为一级学科以来，中国的新闻传播学学科建设突飞猛进，这也对教学、科研以及学术著作出版提出了新的、更高的要求。

继 1999 年中国人民大学出版社推出"21 世纪新闻传播学系列教材"之后，北京广播学院出版社、华夏出版社、南京大学出版社、中国社会科学出版社、新华出版社等十余家出版社纷纷推出具有不同特色的教材和国外新闻传播学大师经典名著汉译本。但标志本学科学术水平、体现国内最新科研成果的专著尚不多见。

同一时期，中国的新闻传播学教育有了长足进展。新闻传播学专业点从 1994 年的 66 个猛增到 2001 年的 232 个。据不完全统计，全国新闻传播学专业本科、专科在读人数已达 5 万名之多。新闻传播学学位教育也有新的增长。目前全国设有博士授予点 8 个，硕士授予点 40 个。中国人民大学新闻学院、复旦大学新闻学院等一批研究型院系正在崛起。北京大学和清华大学的新闻传播学教育以高起点、多专业为特色，揭开了这两所百年名校蓬勃发展的新的一页。北京广播学院（后更名为中国传媒大学——编者注）以令人刮目相看的新水平，跻身中国新闻传播教育名校之列。武汉大学新闻与传播学院等以新获得博士授予点为契机所展开的一系列办学、科研大手笔，正在展示其特有的风采与魅力。学界和社会都企盼这些中国新闻传播教育的"第一梯队"奉献推动学科建设的新著作和新成果。

进入新世纪以来，随着以互联网为突破口的传播新媒体的迅速普及，新媒体与传统媒体的联手共进，以及亿万国人参与大众传播能动性的不断强化，中国的新闻传媒事业有了全方位的跳跃式的大发展。人民群众对大众传媒的使用，从来没有像今天这样广泛、及时、须臾不可或缺，人们难以逃脱无处不在、无时不有的大众传媒的深刻影响。以全体国民为对象的新闻传播学大众化社会教育，已经刻不容缓地提到全社会，尤其是新闻传播教育者面前。为民众提供高质量的新闻传播学著作，已经成为当前新闻传播学界的一项迫切任务。

这一切都表明，出版一套满足学科建设、新闻传播专业教育和社会教育需求的高水平新闻传播学学术著作，是当前一项既有学术价值又有现实意义的重要工作。"新闻传播学文库"的问世，便是学者们朝着这个方向共同努力的成果之一。

"新闻传播学文库"希望对于新闻传播学学科建设有一些新的突破：探讨学科新体系，论证学术新观点，寻找研究新方法，使用论述新话语，摸索论文新写法。一句话，同原有的新闻学或传播学成果相比，应该有一点创新，说一些新话，文库的作品应该焕发出一点创新意识。

创新首先体现在对旧体系、旧观念和旧事物的扬弃上。这种扬弃之所以必要，人文社会科学工作者之所以拥有理论创新的权利，就在于与时俱进是马克思主义的理论品质，弃旧扬新是学科发展的必由之路。恩格斯曾经指出，我们的理论是发展的理论，而不是必须背得烂熟并机械地加以重复的教条。一位俄国作家回忆他同恩格斯的一次谈话时说，恩格斯希望俄国人——不仅仅是俄国人——不要去生搬硬套马克思和他的话，而要根据自己的情况，像马克思那样去思考问题，只有在这个意义上，"马克思主义者"这个词才有存在的理由。中国与外国不同，新中国与旧中国不同，新中国前30年与后20年不同，在现在的历史条件下研究当前中国的新闻传播学，自然应该有不同于外国、不同于旧中国、不同于前30年的方法与结论。因此，"新闻传播学文库"对作者及其作品的要求是：把握时代特征，适应时代要求，紧跟时代步伐，站在时代前列，以马克思主义的理论勇气和理论魄力，深入计划经济到市场经济的社会转型期中去，深入党、政府、传媒与阅听人的复杂的传受关系中去，研究新问题，寻找新方法，获取新知识，发现新观点，论证新结论。这是本文库的宗旨，也是对作者的企盼。我们期待文库的每一部作品、每一位作者，都能有助于把读者引领到新闻传播学学术殿堂，向读者展开一片新的学术天地。

创新必然会有风险。创新意识与风险意识是共生一处的。创新就是做前人未做之事，说前人未说之语，或者是推翻前人已做之事，改正前人已说之语。这种对旧事物旧体系旧观念的否定，对传统习惯势力和陈腐学说的挑战，对曾经被多少人诵读过多少年的旧观点旧话语的批驳，必然会招致旧事物和旧势力的压制和打击。再者，当今的社会进步这么迅猛，新闻传媒事业发展这么飞速，新闻传播学学科建设显得相对迟缓和相对落后。这种情况下，"新闻传播学文库"作者和作品的一些新观点新见解的正确性和科学性有时难以得到鉴证，即便一些正确的新观点新见解，要成为社会和学人的共识，也有待实践和时间。因此，张扬创新意识的同时，作者必须具备同样强烈的风险意识。我们呼吁社会与学界对文库作者及其作品给予最多的宽容与厚爱。但是，这里并不排斥而是真诚欢迎对作品的批评，因为严厉而负责的批评，正是对作者及其作品的厚爱。

当然，"新闻传播学文库"有责任要求作者提供自己潜心钻研、深入探讨、精心撰写、有一定真知灼见的学术成果。这些作品或者是对新闻传播学学术新领域的拓展，或者是对某些旧体系旧观念的廓清，或者是向新闻传媒主管机构建言的论证，或者是运用中国语言和中国传统文化对海外新闻传播学著作的新的解读。总之，文库向人们提供的应该是而且必须是新闻传播学学术研究中的精品。这套文库的编辑出版贯彻少而精的原则，每年从中国人民大学校内外众多学者的研究成果中精选三至五种，三至四年之后，也可洋洋大观，可以昂然耸立于新闻传播学乃至人文社会科学学术研究成果之林。

新世纪刚刚翻开第一页，中国人民大学出版社经过精心策划和周全组织，推出了这套文库。对于出版社的这种战略眼光和作者们齐心协力的精神，我表示敬佩和感谢。我期望同大家一起努力，把这套文库的工作做得越来越好。

以上絮言，是为序。

童 兵

2001 年 6 月

推荐序

重新发现新闻的物质向度

2023 年上半年有两个话题引起新闻传播学术界和社会的关注。一个是以 ChatGPT 为代表的生成式人工智能突然出圈，引发人们对于传播产业变革乃至人类文明未来走向的关注。另一个是在高考志愿填报中，新闻专业值不值得报的问题，即新闻作为一个职业能否向新闻专业的毕业生承诺有前途的未来。巧合的是，这两个问题正是吴璟薇博士的新作《人工智能如何改变新闻》书名的两个关键词——人工智能与新闻。本书的系列研究从学理上回应了这两个公众关心的话题。

中国的新闻学研究虽然历史悠久，但是在很长一段时间内主要还是局限在规范研究和政策研究范式，转向社会科学也是近年来，尤其是近十年方才借由媒介社会学蔚然成风。细分起来，近来中国的媒介社会学中又有两个支脉。

一个是传统的组织社会学，就是20世纪六七十年代经典的新闻编辑部研究，甘斯、塔克曼等人确立了媒介社会学黄金时代的研究范式，这些范式打开了新闻生产背后的黑箱，注重新闻组织内的行为惯例及组织结构的影响。另一个支脉是文化研究，其代表人物是在国内颇受推崇的泽利泽，这个范式更注重新闻工作者对意义和文化的阐释。当然，这两个范式也并不完全互斥，只是侧重点不同。

传统的媒介社会学诞生于大众媒介的黄金时代，尤其是电视的鼎盛时期，研究者并未对技术投以太多注意力。但是放到今天这样一个媒介技术日新月异的时代，对技术的忽略就成为致命问题。我们可以在本书中读到，技术不仅改变了新闻的呈现方式，作为基础设施，它还改变了新闻业的组织方式、运营方式，甚至颠覆了新闻、新闻中的价值观等基本概念。

本书讨论了新闻中的时间，我个人正好也有一些初步观察。这里就以新闻中的时间问题做一点讨论。过去我们常把时间看成客观的机械时间或天文时间，是新闻内容的必要元素，新闻的时效性主要是人类需求的产物，但是却忽略了新闻中的时间观念其实是技术基础设施的产物这一问题。

具体来说，报纸时代的新闻在时间观念上面向过去，关注曾经发生的事情，新闻是短暂的历史或历史的第一遍底稿，所以新闻工作者的技艺与布洛赫所说的历史学家的技艺相差无几。新闻要反映历史的动力、因果关系等有深度性的内容。人的书写与印刷机的复制要消耗时间，这个过程要经过思想沉淀，然后生产出一个有形产品。19世纪发明的电报在这个过程中也塑造了新闻的写作方式，出现了倒金字塔式写作、电报体，甚至从新闻界渗透到文学界，最终成就了像海明威这样的巨匠。

但是电子媒介，尤其是广播与电视直播的兴起，导致新闻关注的重点转向当下正在发生的事件。新闻不再是完整的叙事，而是片段化的、零散的个人体验。新闻界不再需要提供一件成品，因为根本不存在定稿，只有

24 小时无休无止被转播的信号流。新的信息会不断"覆盖"或"迭代"前面的信息。电视的机器时间决定了新闻的时间体验与节奏。

今天的数字新闻不仅更逼近切近的当下，还试图超越当下，关注未来发生的事情，充满着"或然"的猜测。这种时间更接近控制论中递归式的计算机时间，就像 ChatGPT，根据之前的文字，预测下一个字的概率，再将预测的结果纳入对未来的预测。预测决定当下，改变了线性的时间体验，甚至出现因在后、果在前的复杂时间。这种基于大数据的自证预言式做法被许煜称为"算法灾难"。

机器除了给予我们面向未来的时间体验外，社交媒体上还出现了"无时间的新闻"。许多信息缺乏明确的时间提示，经常是若干年前发生的事情，加上个耸人听闻的标题，就被当成当下的新闻收获一波流量。自媒体的"新闻考古"让人们在时间中穿越，丧失时间感。

社交媒体和直播还带来海量的、碎片化的、个体化的感受、体验和情绪，就像普鲁斯特在《追忆似水年华》中所描述的那样，将某个时间点的私人体验与情绪无限放大，变成具有巴洛克风格的繁复的褶子。这种将无数私人体验排列在一起的所谓"融媒体新闻"的体裁，和之前少数新闻精英进行调查、核实后形成的理性声音完全不同，短期的、感性的情绪替代了理性的思考与判断，融合了技术时间的内容，形成情绪，最后传导到整个社会，形成今天的某种时代精神。

概言之，数字技术导致当下新闻时间的体验变得多样化，不仅有线性的时间，还有非线性的时间，不仅有直播对当下时间的拉长或者缩短，还有面向未来的时间与无时间的时间。时间变成了一个拓扑结构，可以被拉伸和折叠。这种新闻中的拓扑时间和传播基础设施的变化密切相关。

这里只是举了一个时间的例子，在吴璟薇这本书中，还涉及技术对新闻诸多维度的影响。借用本书的表述，就是要探讨新闻的"物质性转向"。

当然，对新闻中物质性的关注是否真的能够构成"转向"，还需要观察，不过至少在揭示物质维度方面，这本专著确实是做了许多有益的探索。

吴璟薇博士曾负笈德国，近年来在引进柏林学派的媒介研究理论方面用力颇勤，我也经常受益于她推荐的文献。读者可以在这本书中看到她出入于基特勒、克莱默尔的理论之间，同时涉及斯蒂格勒、西蒙栋、拉图尔、温纳、许煜等人的技术理论，并上溯到伊尼斯、麦克卢汉的经典理论，创新性地将它们与新闻生产结合在一起，打开了新闻研究的新思路。她提出要打破社会与技术的二元对立，超越技术决定论与社会决定论，从人与技术融合的角度来思考问题。器官学与驯化理论成为书中重要的理论资源。斯蒂格勒借助勒鲁瓦-古汉（Andre Leroi-Gourhan）的人类学理论提出，人的身体是在使用中不断演化的技术；反过来，技术也可以被视为人类的外化器官。从文化研究的角度来看，任何技术都不是外在于社会的，而是具有社会性的，人既要驯化技术，使其嵌入既有的文化系统中，同时技术也会反向驯化人的行为及其意义。

从这些新角度看待技术，打开了理解媒介的新空间。媒介并不是我们通常所理解的物理存在，它首先是呈现与转化的中介，将抽象符号变成具体的可感知的物质或身体，它并不改变讯息本身，也不承诺消除传受双方的差异，只是像邮差一样通过讯息将双方连接在一起。媒介所传递的讯息既可能是信息，也可能是物质或能量。通过居间与中介，媒介重新组织社会，生成新的关系与实在。媒介随处可见，媒介化生存就是人的存在方式，只不过这种影响被中介的透明性所遮蔽了而已。

从融合、共生、网络化的视角重新观察和思考媒介技术与新闻的关系，就会发现众多新的研究问题。吴璟薇在她的研究中已经呈现了数字技术与新闻生产的新变化，并且让我们对她在新闻扩散、新闻消费、新闻管理、新闻对社会的影响等问题上的研究产生了期待。

与此同时，仅仅理解技术的影响还不够，评估与判断新闻生产与消费中技术的后果也值得进一步挖掘。韩炳哲曾提出，数据不能代替叙事，因为数据中缺乏叙事，无法自动产生人的视角和价值。基于普通个体经验展示而形成的数据库与档案因为缺乏系统性，也不能代替传统由记者完成的深度报道。更重要的是，记者的报道要基于理性的判断与提问，这也不能在技术与数据中自然产生。以 ChatGPT 为代表的生成式人工智能只能基于现有人类知识进行总结，是海德格尔所说的平均化的"常人"，无法超越这个知识体系去产生新的问题。因此，智能技术并不能完全取代真正的新闻工作，取代那些基于眼、口与脚的对真实世界的观察与叩问。我们自然会提出：数字技术在哪些方面会有助于公众理解与监督社会，在哪些方面又会阻碍上述行为？

还有一个值得注意的问题，那就是包括人工智能在内的现有的数字技术，虽然令人眼花缭乱，但是背后均缺少不了资本与政治的支持。基于新自由主义或威权主义的数字技术究竟会在哪些方面促进公共性、哪些方面消弭公共性？数字技术和智能技术除了促进新闻的进一步商品化、媒体融合除了达到媒体市场化和政治宣传目标外，对新闻生产者、消费者及公众的价值是什么，除了把他们深度卷入新的数字劳动中外，还赋予了他们什么权利？这些问题也值得我们进一步反思。

作为一位青年学者，吴璟薇博士的研究可能还存在如理论与经验的融合不够有机等瑕疵，但是无论是她提出的"新闻研究的物质性转向"，还是对于技术哲学和媒介理论的融会贯通，都充满了朝气与魄力，给中国新闻研究和传播研究注入了新的学术想象力，期待她未来的研究给我们带来更多惊喜。

刘海龙

2023 年 7 月 10 日

前　言

　　新技术的发展不断地推动着新闻业的变革。近年来，ChatGPT 突破原有技术瓶颈，开始实现更加"智能"的内容处理，人工智能技术对新闻行业的冲击再次提上日程。与智能技术的探讨一同被关注的，还有隐藏在所谓的"智能"背后的工人们，无论是作为"隐形工作"（ghost work）还是"打标签的人"，智能技术变迁的背后总有大量"人力"的推动。若回顾人类历史与技术发展变迁的历程，便会发现技术与人类总是相伴相生，彼此融合。人类发明和发展了技术，而在技术不断进步完善的同时，人类也不断调整自身以更加有效的方式适应技术的需求。人机融合源自技术伊始。

　　沿着这个思路，我们不难发现，这些年的新闻传播研究虽然注重新技术带来的变革，但是却忽略了技术作为一个重要的因素对新闻生产与传播所带来的影响。20 世纪 90 年代从哲学与人类学研究所萌发的"本体论转向"，以及 21

世纪的"物质性转向"和"媒介物质性研究"等，将技术与物的视角提升到与人等同的地位，进而重新思考人与技术融合所建构起的媒介网络对新闻传播的影响。似曾相识的话题，早在库利、伊尼斯、施拉姆、香农、麦克卢汉等人的研究中就已经出现了。而媒介技术的新发展促使我们对新闻与传播背后的技术、社会、文化因素进行重新思考。

本书既是对当下数字与人工智能技术的回应，也尝试通过将新技术的发展融入媒介发展的历史，来思考新闻与人类传播现象之本质，探寻技术与社会发展变迁的背后新闻是否还会存在、何以存在的问题。书中融入了近年来笔者在新闻学研究和教学中的思考，包括在媒介域联盟读书会与新闻理论研究课堂的讨论中所受到的启发。技术发展越快，给社会与文化带来的冲击越大，越需要我们冷静思考媒介、传播与技术和社会之本质。历史映射着过去，同样也映射着未来。

本书的章节内容除部分来自已发表的论文，其余均为笔者在新技术条件下，将与器官学说相关的理论和控制论等新思想引入新闻生产中关于人机融合的思考的成果。在此由衷感谢清华大学新闻与传播学院胡钰教授对本书出版的大力支持；由衷感谢中国社会科学院新闻与传播研究所的曾国华老师在众多内容细节方面给予的提点与建议，这些提点和建议大大提升了内容的深度；由衷感谢清华大学经济管理学院的郝洁老师以及参与清华大学 SRT 项目的各位同学，我们一同对各家媒体如何应对新技术带来的挑战并创新发展进行调研与访谈，这些调研与访谈给本书基于新闻实践的分析带来重要启发；感谢清华大学硕士研究生杨鹏成、丁宇涵、霍昊含、木兰对媒体调研的大力支持；并由衷感谢清华大学博士研究生毛万熙、高山关于卡普理论和新闻生产研究的讨论，以及阎庆宜对本书文字与格式所进行的勘校。

　　目前，国内有关数字与人工智能条件下新闻生产和传播的理论研究成果还比较有限，特别是从媒介本体论和媒介物质性研究的视角来进行新闻学领域的研究还有待拓展。相较之，国际学界的相关研究已经呈现蓬勃生机。因此希望本书能够引发更多关注，在实现与国内外前沿研究交流对话的同时，也可以借助多重媒介理论视野来进一步深化中国特色的新闻理论。

吴璟薇

2023 年仲春于清华紫光大厦

目　录

绪　章　数字智能时代新闻的新语境 ·········· 1

  第一节　智能媒体发展与技术变迁 ·········· 3

  第二节　平台与数据化新闻生产 ·········· 7

  第三节　人工智能技术与新闻变革 ·········· 9

  第四节　新技术条件下的新闻 ·········· 10

第一章　新闻学研究的物质性转向 ·········· 17

  第一节　媒介物质性视角的提出 ·········· 20

  第二节　媒介物质性：从麦克卢汉到基特勒的阐释 ·········· 22

  第三节　媒介中介性：克莱默尔的"信使模型" ·········· 30

  第四节　基础设施与媒介技术变迁 ·········· 36

第二章　人工智能与人的双重主体性 ·········· 41

  第一节　人的主体性与技术的自主性之辩 ·········· 43

    一、第一条路径 ·········· 44

    二、第二条路径 ·········· 49

  第二节　重构人与技术关系——媒介网络 ·········· 51

  第三节　智能媒介网络与人的境况 ·········· 59

    一、消融的主体性？智能媒体中的人与机器 ·········· 59

    二、人与物：智能媒体平台的媒介网络 ·········· 62

    三、平台的"永存"与人的主体消融 ·········· 68

  第四节　双重的人与关系主体的重建 ·········· 70

第三章 智能新闻生产：人与技术的协同运作 ……………………… 73
　第一节 新闻生产中人与技术关系的追问 …………………… 75
　第二节 器官学：理解人与技术的融合 ……………………… 82
　第三节 追问的实现：对智能新闻生产的微观考察 ………… 87
　第四节 智能新闻生产实践中的"人-技协同" ……………… 95
　　一、合作共生："人-技协同"的实现途径 ……………… 95
　　二、打破界限：智能新闻生产的形态塑造 …………… 99
　　三、新闻价值：人与算法技术的价值交锋 …………… 102
　　四、"主客"之辨：人的主体性与算法自主性 ………… 105
　第五节 超越人与技术 ……………………………………… 111
第四章 重构智能时代新闻生产与传播关系网络 ………………… 121
　第一节 数码物、新闻聚合与知识生产 …………………… 125
　第二节 从大众传播向中介社会传播模式的转变 ………… 130
　第三节 智能新闻生产与传播关系网络 …………………… 138
第五章 数字智能时代新闻价值的变迁 …………………………… 141
　第一节 基础设施与新闻的时空变迁 ……………………… 145
　第二节 语义关系网与关联规则推荐算法 ………………… 150
　第三节 时空与相关：重构数字智能时代的新闻价值 …… 155
　第四节 数字智能时代新闻价值要素重探 ………………… 158
　　一、新闻价值的构成要素及其变迁 …………………… 159
　　二、数字智能时代新闻价值标准的设定 ……………… 168
　第五节 数字智能时代新闻价值的构建路径 ……………… 176
　　一、价值客体拓展：从"新闻文本"到"新闻产品" …… 179
　　二、价值主体彰显：技术介入下的"人" ……………… 181
　　三、新旧媒介形态的影响 ……………………………… 185
　　四、发现数字智能时代的新闻价值 …………………… 188
结语 数字智能时代新闻学研究的范式转型 …………………… 191

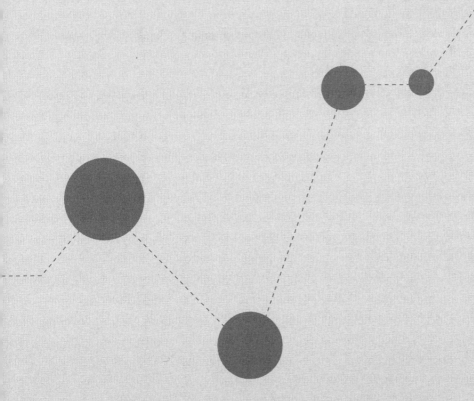

绪章

数字智能时代新闻的新语境

● 人工智能技术正逐渐改变着新闻生产关系，算法、人工智能和媒介机器人在一定程度上取代了记者和编辑的"把关人"地位；新闻平台成为信息集散地，新闻的概念也变得泛化起来，正在转向数据化、资讯化和档案化；同时，技术的变迁正在改变着作为物质客体的新闻机构、生产关系，以及在其中参与生产的人。

● 在这个过程中，新技术不断地与新闻生产相融合，从而形成一种新的、多主体的新闻合作生产的关系。一场深度改变人类交流和信息传播方式的变革已经涉入生活的方方面面。

核心技术的每一步发展都会推动媒介技术的发展和变化。最近数十年，互联网和数字技术的每一次关键变化，都对人们的沟通与互动方式以及新闻行业具有明显的重塑作用。尤其在当下，人工智能技术的发展正对社会沟通传播形态、社会新闻舆论的形成与影响机制产生全面而深入的影响：新技术正逐渐改变着新闻生产关系，算法、人工智能和媒介机器人在一定程度上取代了记者和编辑的"把关人"地位；新闻平台成为信息集散地，新闻的概念也随之变得泛化起来，正在转向数据化、资讯化和档案化；同时，技术的变迁正在改变着作为物质客体的新闻机构、生产关系，以及在其中参与生产的人。在这个过程中，新技术不断与新闻生产相融合，从而形成一种新的、多主体的新闻合作生产的关系。一场深度改变人类交流和信息传播方式的变革已经涉入生活的方方面面。

第一节　智能媒体发展与技术变迁

在不同的媒介形式下，媒介技术扮演着不同的角色。然而在数字智能时代，媒介技术对新闻生产的影响越来越大，技术与人工融合共同影响着新闻生产。

1999 年前后，以新浪、搜狐和网易等为代表的互联网网站开辟了"新闻主页"（news portal）的形式，当时建立独立域名的网络新闻机构已经达到 700 多家。[①] 伴随着媒体的数字化浪潮，众多的媒体开始转型，将原本登载在报纸杂志等纸质媒体，或者播发在电视和广播等电子媒体上的稿件，通过网页转载出去。网页上的内容几乎与传统媒体"平行"，而受众则可以

---

① 唐绪军. 网上报纸现状及发展思路 [J]. 中国记者，1999（10）：50-52.

通过网页接触免费内容。在 Web 1.0 时代，内容推广的方式主要和纸质媒体类似，网页成为电子化的印刷平面，通过标题和图片的不同编排来分发新闻。传统媒体的标题和内容被编辑成更适合网络中快速阅读和浅阅读的形式，而通过网页平行转换的内容则主要根据"点击率"（page view，PV）进行计算。此外通过 RSS（really simple syndication，简易信息聚合），用户可以订阅自己喜欢的内容，定期获得所关注网页的更新。互联网则通过订阅者所下载的种子（feed）了解用户需求，并借助电子邮件或者 RSS 软件（如 Google Reader、抓虾等）向用户发送个性化新闻。在整个新闻生产过程中，媒介技术主要起辅助作用，以人工操作为主的新闻内容加工仍然占有主导地位，编辑和记者作为最主要的"把关人"决定着内容在新闻机构的输入与输出，依靠技术的推送和个性化内容在其中只占少数。

进入 2003 年以后，代表 Web2.0 时代的博客（包括 Facebook、My Space、QQ 空间、人人/开心网等）、微博和微信公众号等社交网络开始成为重要的信息传播和线上社交方式。通过申请成为好友、点击"关注"，用户就可以获得相关账户的内容更新。此外，通过对已经发布的内容进行点赞或在评论区留言，用户也可以及时看到最新留言。通常在注册时，社交网络用户会被要求选择自己感兴趣的话题，或者填写年龄、性别、所在地和个人兴趣爱好等信息。之后，互联网公司通过标签设置，根据用户所关注的或感兴趣的内容，或者所在地理位置等个人信息推送内容。从成为好友、关注、点赞、留言，到注册时选择相应的兴趣标签，乃至个人的地理位置信息，都是互联网公司获取个人数据的重要方式和进行推送的重要依据。到了 Web2.0 阶段，算法开始被大量运用到推送中来满足用户的个性化需求。相比传统的新闻内容生产，技术在 Web 2.0 时代扮演着更为重要的角色。除了个人用户，传统媒体也在社交网络中注册成为用户，并把新闻内容改写为更易于在社交媒体传播的形式。然而当内容进入社交媒体以后，人工编辑在其中的影响力迅速减弱，主要在事实核查和一些重要时政内容的推送中把关。内容的分发主要遵从标签的相关性，由系统自动完成。在以个人兴趣和朋友圈为主的信息传播中，人工编辑所起到的作用也越来越小，新闻内容主要靠系统相关性推送。此外，根据点击量，微博将热点话题系统排名并自动推送。但是需要说明的是，在一些社交媒体中，除了部分弹窗是因为关注度高或者本身就属于时政要闻或突发的重大新闻而被人工或者算法选取进行推送外，很多属于商业机构的付费推广行为。

2006 年在国际上诞生的 BuzzFeed 和 2012 年在国内诞生的头条标志着更具个性化、互联性以及人工智能技术高度融合的 Web 3.0 时代到来，新闻实现了彻底的平台化生产，智能技术被运用到新闻信息的处理和推送中。[①] 初期的头条将自己定位为一家纯粹的技术公司，没有任何内容采编业务，主要依靠用户生成内容和与传统媒体合作来获得信息。头条通过搭建信息平台，在算法技术支持下通过 App 获取用户信息偏好，再借助算法精准投放个性化的新闻资讯。在这一阶段，头条主要依靠算法定位用户并分发信息，通过数据化实现精准投放，因此技术在其中起到了决定性的作用，大部分由工程师组成的团队的主要任务在于完善算法。2014 年，头条为用户更新画像的频率最快可达到 10 秒一次，而且算法可以做到"用户用得越久，算得越准"。2018 年年初，头条开始组建人工团队来对内容的真实性进行核查，并且通过人工选择，提高一些重要新闻在算法中的权重，以降低信息茧房带来的负面效应。尽管如此，头条用户画像的定位和内容分发仍然主要依靠算法来实现。

除了头条外，传统主流媒体也加大了媒介融合的力度，一方面通过建构媒体网络将多家媒体的"报、网、端、微、屏"连接起来，另一方面也

---

① 平台化条件下的新闻生产和传播开始大量采用智能技术，因此在这里实现了从数字新闻向智能新闻的转变。

立足于所在媒体开发客户端，不断整合资源、实现平台化。同时，伴随着媒介融合和平台化进程，主流媒体开始转化为资源组织平台、用户链接平台、内容分发平台和社会治理平台。而数据化也是主流媒体平台化之后的重要特征，媒体已经成为数据汇总平台。此外，多家媒体的平台化也使得新闻的跨平台、跨地区生产成为可能。

人工智能和算法技术的使用不仅参与到用户画像和新闻分发中，而且还深度嵌入新闻制作中，一些突发新闻已经实现机器自动采写，并且通过人工智能所生成的虚拟主播进行新闻播报，新闻的生产已经成为在平台中自动完成的高度技术化和标准化的结果。在媒体融合的发展进程中，技术在深度融入新闻生产的同时也改变了人们获取新闻的方式。尽管通过大数据追踪和算法推送，新闻的内容变得更加富有个性化，但与此同时，由于算法在其中所造成的偏见，信息茧房和黑箱等问题却变得越来越严重。

从 Web1.0 到 Web3.0 的媒体发展进程中可以看出，新闻生产过程对技术的依赖性越来越强，人与技术融合的程度也越来越深，技术已经体现出了一定的自主性，算法的逻辑也取代了人工编辑的逻辑。特别是在新闻生产平台化之后，人工基本成为一种技术的辅助，通过算法编程、数据收集、推送与算法修正，人与算法被融合到整个系统中，不论是人还是算法，都是为整个新闻生产的技术系统的有序运行而服务的。

大数据与人工智能等技术深度嵌入新闻生产和传播过程，而基于平台的新闻生产在大范围内连接多元内容生产者的同时，也实现了人与机器的协同运作，通过平台的数字结构将内容转化为数据，再经过算法与人工的整合后，借由数据接口与内容消费者对接。当下的新闻行业已经无法回到从前的时代了。从"中央厨房"到地方融媒体建设都经历着数字化与智能化的进程，即使部分媒体仍然保留着传统以记者和编辑为主的线下新闻生产模式，但新闻内容同样也需要借助社交媒体等数字化平台进行推送。大数据、平台化和智能技术已经成为当下新闻生产与传播的新语境。

第二节　平台与数据化新闻生产

在新技术条件下，媒介逐渐转换为汇聚数据的平台。新闻的生产和发布都经历着平台化和数据化的过程。平台，指的是用来组织用户的互动的可编程的架构（infrastructure）设计。[①] 新闻信息在这里经过加工后，再经由算法分发给受众。在分发过程中，经过算法的追踪，用户使用新闻 App 过程中的行为被转化为数据记录在平台的系统中，进而指导下一轮的新闻推送。平台被搜集到的数据所填充，并由算法和交互界面所控制。所以用户只要使用 App，便会源源不断地产生数据。新闻平台成为各种新技术交互作用的汇聚场——这里的技术既包括算法，也包括交互界面，而新闻生产的过程和新闻室的结构，以及新闻生产者的角色都已经彻底改变，算法技术和平台工具已经融合到新闻生产中，共同建构着一种新型的新闻生产关系。

数据化是新闻生产平台化的重要特征。这里的数据化指的是网络平台能够将世界上众多之前没有被量化过的事物转化为数据。[②] 通过新闻 App，用户在使用过程中产生的数据被传回平台进行分析，平台再根据分析结果向用户推送新闻。这一过程也彻底改变了新闻生产的逻辑，使原本以人为核心、重视内容的新闻专业逻辑向以算法为核心、主要依赖算法加工和推送新闻的技术逻辑转变。算法渗透到信息采集和分发的各个环节中，传统

---

① VAN DIJCK J，POELL T，DE WAAL M. The platform society：public values in a connective world［M］. New York：Oxford University Press，2018：9.

② 同①33.

模式下扮演着"把关人"角色的编辑和记者的作用已被算法严重侵蚀。虽然在事实核查方面主要依靠人工编辑，在某些重要新闻推送上编辑和记者也享有优先权，但不可避免的是，平台的逻辑注入新闻操作中，使得编辑和记者的主动权受到限制。在以数据推动为主的新闻平台上，编辑和记者的自主性与已经被数据化了的用户兴趣之间形成了一种竞争机制。借助新闻 App，新闻也实现了平台化，传统新闻价值的逻辑也只能遵循平台的逻辑——数据化。① 而其中人也越来越丧失主导作用，主要服务于算法的运行与完善。

新闻平台的数据化也给新闻的客观性带来挑战。在传统的新闻生产中，为了保证新闻的客观和公正，新闻的采编团队与经营团队是相分离的。然而在新闻平台上，采编和技术团队都聚合到一起，平台遵循商业逻辑，通过数据化使得新闻更多地受到商业的影响。更为重要的是，新闻平台上的数据并非完全中性的、未经加工处理的数据，因此平台不仅"衡量"某些情绪、想法和表现，而且还会触发和塑造它们。② 在新闻价值的判断上，尽管人工编辑可以在算法分发前对重要新闻提高权重，然而平台主要还是依靠算法所建构的一系列评价系统。通过点赞、问答、评论、分享、转发、关注等行为，技术已经建立了一套衡量人们的基本情感和诉求的机制，并且决定了平台用户如何在这里彼此互动和生产数据的类型。③ 新闻生产的流程也突破了传统新闻室的限制，而更多地关注上游的内容和数据搜集的整合与下游的分发以及反馈等传统新闻生产的范畴，人工智能技术与人在新的生产关系链中竞相角逐。

---

① VAN DIJCK J，POELL T，DE WAAL M. The platform society：public values in a connective world [M]. New York：Oxford University Press，2018：51.

② GITELMAN L，et al. Raw data is an oxymoron [M]. Cambridge：MIT press，2013：2-3.

③ 同①33.

第三节　人工智能技术与新闻变革

当下以头条等新闻 App 为代表的智能媒体平台依托算法技术，根据用户兴趣与需求，并借助移动终端来推送新闻。这种生产方式的转变不仅意味着传统记者、编辑根据日常积累所总结的新闻价值来收集、编辑加工的新闻生产方式已经发生了根本的变化，而且还改变着新闻生产者之间以及人与技术之间的关系。算法工程师的加入也冲击着内容生产者的地位。在这个过程中，人与技术的矛盾不断凸显。也正是在技术创新的要求下，媒体面临着巨大的考验，对技术人员的需求也变得越来越多，而传统的内容生产人员却面临着技术带来的众多考验。在市场化竞争的压力下，众多媒介机构甚至更加重视技术人员，而作为"把关人"的内容生产者在媒体中的地位也因为媒介技术革新而发生了巨大的变化。

纵观媒体的发展过程，技术在其中扮演着重要角色。印刷术带来的是口语传播向书面传播的改变，这一传播技术的变革也造成了传播的符号形式与关系结构的改变，人类社会由罗格斯域迈向书写域，原本在口语传播时代占有重要地位的演说等技能也被印刷技术所取代，由此也带来社会结构与权力关系的变化，而作为传递意义主体的相关机构的人员在社会中的地位和意义也随之发生变化。[①]

尽管技术对社会及生产关系产生影响需要一定的社会环境，技术自身已经在社会变迁中占有重要地位，但是一味依靠技术逻辑而忽略道德和法律的规约又是危险的，技术的过度膨胀可能会给社会带来负面影响。因为

---

① 德布雷.普通媒介学教程［M］.陈卫星，王杨，译.北京：清华大学出版社，2014：48.

当技术的地位上升到一定高度时，智能媒体平台又会因为过度依赖技术而失去应有的公共性备受社会指责。于是，技术的重要性又被降低，而传统的采编人员又重新回归新闻生产过程，只不过他们此时的地位已经变成了新闻质量的检验者，在新闻信息进入算法通道前，进行质量把关与事实核查。

从整个新闻生产和传播的流程来看，大数据和智能技术只能部分参与其中，负责诸如新闻内容抓取、新闻价值判别（主要基于内容来源和相关程度）和部分事实核查等任务，而新闻标题制作、内容摘要、影响力和反常性与冲突等新闻价值要素的甄别，以及机器无法准确完成的事实核查，都只能交由人工研判。近年来，智能生产中的"隐性工作"不断浮出水面。为了保证智能识别系统的有效运行，大量工人隐藏在系统背后，进行低难度和高重复度的"打标签"工作，将数据"喂给"系统，才能让智能新闻识别系统准确读取文字和图像，进而进行深度学习和数据处理。在这一过程中，人与技术共同发挥着作用。

第四节　新技术条件下的新闻

面对新技术带来的挑战，新闻业也发生了翻天覆地的变化。算法开始取代人工进行新闻信息的自动收集、筛选、加工和分发，也让曾经处于新闻生产核心地位的人产生了危机感，报纸即将消亡、编辑记者将被机器所取代、新闻行业即将告别历史舞台等焦虑不断迭起。在技术不断加速进步的同时，其实更为重要的是回过头去重新审视新闻从何而来，纵观历史变幻或许可以发现新闻的未来。

虽然英文中的"news"与"journalism"这两个词主要对应中文里的

"新闻"一词，但从定义上有必要对二者进行区分，因为只有这样才能看清未来的技术发展变革会对新闻带来什么样的影响。英文《韦氏词典》中news（新闻）对应三个含义：

（1）对新近发生事件的报道；先前未知的信息；

（2）在报纸、新闻期刊或者新闻节目中被报道的材料；

（3）值得报道的事情。

而同样被译作"新闻"的 journalism（新闻业、新闻学）一词的内容却与之稍有区别，具体指：

（1）通过媒体所呈现的新闻采集和编辑；

（2）大众报刊；

（3）对收集和编辑新闻或者新闻媒介管理的学术研究。

从新闻的历史上看，journalism 的出现比 news 更晚。news 可以溯源至人类文明伊始，对新发生的或者未知信息的传递一直伴随着人类发展的步伐。而作为新闻业的 journalism 是伴随着第二次工业革命的进程而产生的。在这之前，搜集新闻、集中处理并发布至各地常常是官方特定机构或者商人来完成的工作，并没有形成特定的职业。而第二次工业革命之后，技术的革新推动了生产力的进步，为了适应机器时代的生产，流水作业等劳动形式被发明出来，大量劳动也实现了分工。专职从事新闻内容搜集和加工的编辑和记者也从过去的商人和小手工业者等兼职者中分化出来，这个职业形成至今，仅仅有两百多年的历史。在智能技术所带来的工业 4.0 时代，技术的变迁已经完全打破了传统的职业分工，新闻生产者的角色也变得更加多元，互联网与社交媒体等新技术平台推动着更多的非职业化内容生产者加入，使得他们成为丰富内容的重要来源。通过平台的关联，内容生产者和消费者更加便于进行身份的互换和转换，从而也打破了大众传播的二分模式。

在如此巨大的变革面前，新闻变了吗？我们发现众多的网站（例如雅虎）用"资讯"取代了"新闻"的概念，2018年夏天百度也将新闻搜索栏改为"资讯"。概念的转变背后其实隐藏着整个新闻行业和新闻内涵的大变革，互联网带来的数字化、超链接，以及多元新闻生产主体的介入，已经让新闻概念泛化，内容的时效性特征减弱，而在平台技术的关联逻辑下，更多与新闻相关的资讯内容被通过搜索或者推荐呈现给受众。当下在媒体中看到的不仅仅是那些新近发生的未知事件，还包含与之相关的生活资讯、小说故事、科学文化知识等非时效性内容，所有这些都进一步推动了新闻价值标准的变化。

其实，这些时效性较弱的内容并非当下互联网和智能新技术带来的原创产品，而是一直以来都伴随着新闻的产生和发展的。16世纪欧洲的报刊中已经出现天气预报、时尚穿着指南和生活小技巧等内容，我国宋代的很多小报也充斥着各种关于生活琐事的资讯。只不过在今天，媒介技术的变迁让这些非时效性的内容所占比例猛然提升。回顾新闻发展的历史，近代新闻业的形成与电报的发明脱不开关系。通过海底电缆和陆上电报系统，世界各地被连接起来。此时信息传播已经以数量级的速度远超邮驿，电报用时间消灭了空间，全球各地实现了共时，期货市场的概念由此产生，以财经新闻为代表的新闻生产加剧了媒体对时效性的疯狂追逐与对通信资源的竞争。伴随着电报所带来的快速传播，人们对新近发生的事情更为渴求，无论是关于战争、商业、天气还是奇闻逸事，人们都希望能够获得与之相关的最新消息，从而为决策和生活提供参考。自此以后，过去邮驿时代无法实现的时效性成为新闻媒体的重要竞争力，大事发生时谁能抢先发布0.1秒，即能成为行业翘楚。电报、电话，以及SNG卫星直播等形式代表着从报纸到广播再到电视时代新闻媒体对时效性的追逐形式。

　　然而，自从互联网在全世界的普及以及低成本运作，并借助手机等方式实现了从人到人的实时传播之后，新闻的时效性已经失去了之前强大的魅力。基于电缆的电报是互联网的前身，过去还是一种竞争性资源，而如今光纤网络和 GPRS 无线信号传输系统已经遍布各地，全球已经实现了传播的共时，电报早已失去了其优势地位。在时效性消失的同时必然伴随着趣味、相关等新闻价值因素的增加，因而从媒介技术发展的角度亦能解释当下为何娱乐和生活服务信息会不断增加，新闻的概念也泛化为一种广泛意义上的知识。当然，无论是专业媒体还是自媒体，独家渠道与独家资源仍然是核心竞争力。

　　在大数据、平台化与人工智能技术之下[①]，新闻的生产与传播模式已经发生了本质的变革，传统的新闻与传播理论以及相应的研究范式都开始呈现出诠释力上的不足，甚至出现理论研究与新闻实践相脱节的问题。基于这一背景，本书在探讨人工智能给新闻生产与传播带来哪些变革的同时，尝试建构一种符合当前实践特征的新闻理论范式。在理论层面上，本书融合了当下较为前沿的媒介平台化与平台社会研究、媒介与技术研究、媒介物质性研究的最新成果，并融合中国媒体的最新实践来探讨媒介新技术如何重构新闻，进而探索智能新闻生产中人与技术的关系、新闻价值变迁的机制，并在此基础上重构新闻生产与传播关系的网络。

---

　　①　就目前研究来看，新技术条件下的新闻主要被定义为"数字新闻"，而智能技术下的新闻生产和传播不仅仅实现了"数字化"的过程（主要是 Web 1.0 和 2.0 时代），还加入了自然语言处理等人工智能技术（Web 3.0 时代）。目前国内外学界对于"智能新闻"这一概念并没有固定的说法，整体而言"数字新闻"的概念所涵盖的范围更广，数字技术也是智能技术的基础。此外，数字新闻或者智能新闻都是新闻发展历程中的特定阶段，也对应着特定的技术和媒介形态特征，但随着媒介技术的变化还会产生更多新闻类型。因此，基于本书的核心理论——媒介本体论对媒介"形式和质料"划分的否定，为了避免概念上的混淆，我们这里统称为数字智能时代的新闻，目的在于将数字智能时代作为一个特定的技术阶段纳入新闻发展的历程中进行考量，而不作专门的概念界定。从本质上看，无论在何种技术条件或者媒介形态下，新闻在传递新近发生的或者未知事物的本质特征上并未发生改变。

全书共分为六大章，融合了新闻传播理论与实践，探讨智能技术对新闻带来的影响，并尝试通过媒介物质性和媒介本体论视角重构新闻生产与传播范式。

第一章在智能媒体的新语境下讨论新闻学研究范式转型的可能，这也是全书的基础理论框架。我们把媒介物质性视角引入新闻学研究，其中涉及的大数据与数码物、基础设施与媒介技术，以及技术的可供性等理论内容，能够分别解释新技术条件下的大数据新闻与算法推荐、智能新闻生产平台以及互联网时代新闻价值与新闻客观性变迁等新现象，并为探讨智能时代新闻学研究的转向构建基础理论框架。

第二章系统回顾了工业时代以来关于人与技术/机器的关系的经典讨论，由此引出媒介物质性研究和德国媒介学家弗里德里希·基特勒（Friedrich Kittler）所提出的"媒介网络"（medienbund）的视角，并聚焦由信息的处理、传输和存储等三个环节所组成的智能新闻生产流程，通过对即时通信、电子商务和新闻聚类分发平台以及微信公众号和短视频平台的长期观察与调研，综合诠释学和质性研究方法来考察智能新闻资讯平台、媒介技术与人如何在广义新闻生产的微观过程中共同构成一个"新"的媒介网络，并在此基础上探讨智能技术的大规模应用如何影响人的主体性境况的问题，进而系统而深入地探索智能新闻生产背后的人与智能技术之间的关系。

第三章则立足"器官学"的相关理论和诺伯特·维纳（Norbert Wiener）的控制论学说，融合参与智能新闻生产实践的工作者的视角，借助扎根理论的方法来进一步考察技术是如何"嵌入"**微观**的新闻生产流程中，具体考察人与技术如何协同运作来进行新闻价值判断、内容选取与分发的，人与算法的互动又是如何构建出当下新闻价值的内涵的，进而讨论数字智能技术条件下如何理解人机融合、人与技术共生的机制。

在从宏观到微观视角对智能时代的新闻生产进行系统考察后，第四章结合理论分析和调研结果重构智能时代新闻生产与传播关系的网络。为了克服传统新闻生产研究和大众传播模式的局限，本书在数字智能技术背景下，把对新闻数据流动过程的考察从新闻生产延展到新闻传播流程，并基于物质性视角下媒介的中介性特质，从理论上建构符合智能时代新闻传播特征的中介社会传播模式，以应对新媒体技术对新闻学研究范式带来的挑战。

第五章基于技术的视角，分别从理论性的思辨阐释以及对新闻工作者的调研入手，从宏观到微观分析智能时代的新闻价值变迁：思辨部分从媒介本体论出发，通过分析媒介技术的实体——基础设施所建立的时间、空间以及事物之间的关联，来探索新闻的时效性和相关性在智能时代的变迁，进而诠释媒介技术是如何影响新闻内容和新闻价值的；实证部分基于德尔菲法对来自不同类型媒体的共计 36 位新闻工作者展开函询与访谈，结果表明，数字时代的新闻实践保留了部分传统新闻价值观念，也产生了媒介技术与社会效益两种导向下的数字新闻价值观念。这些新兴新闻价值往往根源于在中国语境下具有生命力的传统新闻价值，同时适应了数字时代的媒介技术发展以及中国特色的社会传播环境。

结语部分对全书的研究结果进行总括，总结智能时代新闻学研究的新境况与范式转型，回应智能新闻生产和技术融合中如何重构人的主体性，并以此为基础探讨媒介本体论和媒介物质性视角在智能时代和新技术背景下对新闻学研究的启发意义，以及展望新闻学研究的未来。

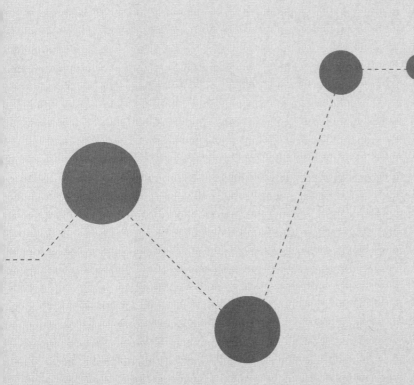

第一章

新闻学研究的物质性转向

- 智能时代，媒介技术在新闻生产和传播中占有越来越重要的地位，从而也将新闻学研究的重点渐渐从人转向媒介技术，重新审视长期被忽略的技术因素对新闻造成的影响。

- 媒介物质性将新闻传播的研究视角从人转向人与物共同构成的网络，从而也从根本上摒弃了人与技术对立的格局，在媒介科技不断加速变革的时代重新审视技术给新闻带来的影响。

- 自新闻业产生的那一刻起，技术作为重要的外部条件已经构成了重要影响。

在当下智能媒体平台高速发展的背景下，新闻的生产和传播模式都发生了根本变化。传统大众媒体时代的新闻学研究重点讨论的是内容生产过程中的人（如记者、编辑、采访对象、受众等），而在智能时代，随着媒介技术在新闻生产和传播中占有越来越重要的地位，新闻学研究的重点渐渐地从人转向媒介技术，长期以来被忽视的技术因素对新闻所带来的影响问题也得以受到重视。这种转向至少带来了两个方面的变化。

一方面，以技术可供性、行动者网络理论和科学技术研究（science and technology studies，STS）的视角来重塑新闻理论和反思技术对新闻客观性的影响等一系列研究的展开①，标志着中国新闻学研究开始重点关注技术因素对新闻媒体的影响。特别是近六年来，与"传播的物质性转向"相关的研究被引介到中国新闻传播学界后②，由于物质性的研究视角又能够跳脱传统新闻学研究中对人和内容的限制，将媒介技术和媒介物质载体的影响清晰呈现出来，因此"传播的物质性"视角开始与中国新闻实践相融合，这种状况正在深化新闻传播学研究对数字和智能技术背景下新闻生产和传播体系的重构的理解。另一方面，对数字时代新闻的平台化与智能化的研究也在很大程度上激起了学界和业界对智能技术侵蚀与替代人的主体性的忧虑与担心。

本章将媒介物质性研究作为基础理论引入新闻学，系统阐释媒介物质性视角的基本理念、代表学者和核心理论，这些基本理论和观点也将被用在之后的章节中阐释智能时代的新闻实践。

---

① 常江，田浩. 介入与建设："情感转向"与数字新闻学话语革新［J］. 中国出版，2021（10）：9-16.

② 袁艳，陈朝辉，王家东. 中国媒介物质性研究的学术图景及其反思［J］. 华中科技大学学报（社会科学版），2021（4）：131-140.

第一节　媒介物质性视角的提出

纵观媒介研究的发展历程，我们可以发现，近50年来，研究人与媒介和技术关系的媒介研究发生了重要的理论范式转折，先前以技术为核心、着重技术的决定力量的视角逐渐转向以媒介本体为核心的视角。特别是近20年来，以本体论转向（ontological turn）和物质性研究（materialism）的发展为背景，媒介理论的研究视角开始从对传播的关注慢慢转向对媒介本身的关注，"传播的物质性"（materialities of communication）成为当前媒介研究的核心概念，其相关领域包括媒介考古学、媒介生态学、媒介本体论等。这些研究承袭了19世纪末以来人类学的研究范式，并结合第二次世界大战后欧美学界的技术哲学、批判理论、本体论转向等一系列重要的思想资源，为我们理解媒介、文化、政治与社会提供了一个全新的视角。[①]

物质性研究的起源可以追溯到19世纪末以来的人文社会科学中以物为中心的研究，其发展历时漫长，并横跨多个学科。[②] 第二次世界大战后，以物为中心的研究开始随着物质文化史的研究兴起，其中以批判视角下的消费社会和商品文化为代表。到20世纪80年代，物质文化研究逐渐走向成熟，但这里的"物"更多的是指符号与结构等实体物，更多的是将"物"作为一种文化产物，突出"文化的物质性"，而忽略了物的实在性。直到21世纪前后，伴随着哲学的本体论转向和物向本体论（object-orientated ontology）的提出，

---

① ENNS A. Introduction：the media philosophy of Sybille Krämer［M］//KRÄMER S. Medium，messenger，transmission：an approach to media philosophy. Amsterdam：Amsterdam University Press，2015：9-18.

② 曾国华. 媒介与传播物质性研究：理论渊源、研究路径与分支领域［J］. 国际新闻界，2020：42（11）：6-24.

非物质文化研究取向的物质性研究开始兴起，这一理论脉络关注物/客体的本体问题，立足于物的实在本体论、关系本体论、技术哲学和宇宙哲学。① 2010年前后，文化研究领域开始较为系统地提到"物质性转向"（materialism turn）/"物质转向"（material turn）的概念，提倡在研究中拒绝物质与非物质的二分法，回归一元论，将自然与文化、物质与观念整合起来。②

　　媒介物质性研究的理论基础主要来源于以下三类理论路径（见图 1 - 1）：（1）马克思主义及其发展（包括年鉴学派、列斐福尔、英国的文化研究和传播政治经济学等内容）；（2）福柯思想、科学技术研究（STS）路径、知识社会学和后人类主义；（3）新物质主义、后德勒兹主义、物向本体论。③ 由此也开启了关于基特勒、媒介考古学与文化技艺，行动者网络理论（actor network theory，ANT）、物的能动性及社会物质性，以及机制、装置、媒介特性分析（media-specific analysis，MSA）与软件研究及其他相关的研究。④

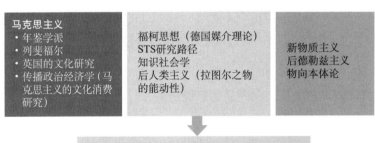

图 1 - 1　媒介物质性研究的理论基础

资料来源：章戈浩，张磊. 物是人非与睹物思人：媒体与文化分析的物质性转向 [J]. 全球传媒学刊，2019，6（2）：103 - 115.

①　曾国华. 媒介与传播物质性研究：理论渊源、研究路径与分支领域 [J]. 国际新闻界，2020，42（11）：6 - 24.
②　章戈浩，张磊. 物是人非与睹物思人：媒体与文化分析的物质性转向 [J]. 全球传媒学刊，2019，6（2）：103 - 115.
③　同②.
④　同①.

在众多与媒介物质性研究相关的理论中，基特勒与西皮尔·克莱默尔（Sybille Krämer）的媒介理论，以及被重新解读后的马歇尔·麦克卢汉（Marshall McLuhan）的思想成为这一领域的核心代表，也为新技术条件下的新闻学研究提供了众多具有启发性的观点与视角。麦克卢汉强调技术在传播过程中的重要作用。在这一机械化的传播过程中，狭义层面上的人的主体性也就消失了，媒介成为人的延伸。与之不同的是，基特勒认为传播渠道仅仅只是物质技术的体现而已，他更加关注"传播的物质性"和技术的自主性，从而开辟了一条从媒介发展的历史条件、权力与话语，以及传播的结构来理解媒介的研究路径。克莱默尔则借助"信使模型"的比喻来强调媒介的中介作用，认为机器是符号"中介功能"的体现或者"形式化过程"的结果，更加突出一种"去人类主体性"的媒介观。她构建出一套更为宏大的理论体系，这些理论并不区分技术与人，也不强调技术的决定力量。上述三位代表学者的理论对于人工智能时代探讨人与技术和机器的关系，以及其中的伦理和价值观问题，技术变迁如何改变媒介与人的关系等"技术—社会"话题具有重要的时代紧迫性与启发意义，也将为中国的媒介研究与新闻传播研究的理论创新提供富有启发性的理论资源。

第二节　媒介物质性：从麦克卢汉到基特勒的阐释

麦克卢汉著名的《理解媒介：论人的延伸》于 1964 年问世，30 多年后，德国媒介学者基特勒出版了《留声机、电影和打字机》(*Gramophone*, *Film*, *Typewriter*)① 一书。尽管两人的写作风格有明显的相近之处，但基

---

① KITTLER F. Gramophone, film, typewriter［M］. Stanford, CA: Stanford University, 1999.

特勒的这本书却开辟了一条与麦克卢汉截然不同的媒介研究路径。基特勒是目前在世界范围内影响较大的德国媒介学者，被誉为"数字时代的德里达"。从 20 世纪 90 年代开始，他的研究开始受到英语学界的关注，从而也成为除了麦克卢汉和梅洛维茨（Joshua Meyrowitz）之外的一位重要的媒介理论学者。从学术路径来看，麦克卢汉和基特勒非常相似。这种相似性一方面体现在信息论对他们都产生了重大影响；另一方面则体现在他们都从历史的角度来研究媒介。麦克卢汉和基特勒的媒介思想都受到了香农（Claude Shannon）和韦弗（Warren Weaver）的信息论的影响，特别是早期的信息论对基特勒的影响很大。[①] 香农与韦弗的《通信的数学理论》（The Mathematical Theory of Communication）[②] 一书成为信息论的奠基之作，书中提出应当将传播过程中的意义从技术尤其是数学中分离出来。该理论强调传播系统中的物质构成，即物理设备在传播过程中的重要作用。之后香农根据雅克·拉康（Jacques Lacan）的研究[③]，进一步将传播过程划分为五部分，即信源、编码者、渠道、解码者和目标对象。人与机器作为信源都能够制造讯息（message），而后传者通过编码将讯息转化为符号，并通过物理渠道传播出去。在这个过程中，渠道作为媒介（medium）将信号从编码者传递给解码者。然而信号会受到干扰，解码者在解码中也会产生噪声，从而增加了讯息传播的不确定性。麦克卢汉与基特勒的第一个争议点就在于此。

　　传播符号究竟在多大程度上可以准确地传递讯息，两人在这个问题上

　　① HAYLES K. How we became posthuman [M]. Chicago, IL：University of Chicago Press，1999.

　　② SHANNON C，WEAVER W. The mathematical theory of communication [M]. Urbana：University of Illinois Press，1949.

　　③ LACAN J. The Seminar of Jacques Lacan，Book II：The ego in Freud's theory and the technique of psychoanalysis 1954—1955 [M]. Cambridge：Cambridge University Press，1988.

的看法非常不一样。麦克卢汉那句著名的"媒介即讯息",强调的是渠道或媒介在塑造传播内容中所起的重要作用,因此传播技术以及基于媒介技术的媒介形式远比对内容的理解更为重要。① 因而,麦克卢汉认为,技术决定着讯息传递的深度和广度,编码者和解码者皆受其影响。在这一机械化的传播过程中,人在狭义意义上的主体性也就消失了,媒介成为人的延伸②,技术在其中起主导作用。但正如后文将会进一步谈到的,麦克卢汉所认为的人在狭义层面上的主体性被消解了,这一观点是存在问题的。他虽然提出技术是身体的延伸,但仍然将人和作为人的复合体的社会群体作为理论叙事的主体(即人的广义主体性)。在这个意义上,麦克卢汉呈现出一种他的解读者长久以来有意无意地忽视了的一种理论倾向,即当时非常强势的结构主义理论的影响。麦克卢汉以《理解媒介:论人的延伸》为代表的中期研究③在很大程度上是围绕着"身体(人)-技术"或"媒介-社会(人的复合体)"这样的二元对立的"元结构"进行理论叙事,而媒介形式的重要性远大于媒介内容——亦即强调形式、形式的结构、形式在元结构意义上的更迭与扩充——这样的论断更是直接与结构主义的理论特征直接相关。

与麦克卢汉在《理解媒介:论人的延伸》一书中的核心观点所不同的是,基特勒认为传播渠道仅仅只是物质技术,因此其自身并不具备任何意义,因而也谈不上任何"理解"。基特勒通过分析媒介发展过程中的历史条件以及传播的结构来理解媒介,认为**"媒介决定了我们的处境"**④。这句话引发了一场讨论:基特勒是不是和麦克卢汉一样,是所谓的技术决定论

---

① GANE N. Radical post-humanism: Friedrich Kittler and the primacy of technology [J]. Theory, culture & society, 2005, 22 (3): 25-41.

② 麦克卢汉. 理解媒介:论人的延伸 [M]. 何道宽,译. 南京:译林出版社,2003: 33, 128, 210.

③ 其早期以文学批评为主,后期关注点则更为综合。

④ KITTLER F A. Gramophone, film, typewriter [M]. Stanford, CA: Stanford University Press, 1999: xxxix.

者？当然基特勒谈论的技术只是技术的视角，而不是技术作为决定的因素。他从技术的视角看，在历史语境下，传播结构、社会结构如何发生变化。

基特勒将媒介分析放到历史情境中，通过对处于后一历史阶段的媒介的使用来分析前一阶段的媒介。从后往前推，才能推出媒介的历史情境。基特勒在麦克卢汉的媒介分析的基础上，继承了拉康的精神分析以及米歇尔·福柯（Michel Foucault）的权力与话语研究、知识考古学的观点。另外他还提出了"传播的物质性"（materiality of communication）这个重要概念，用来分析媒介技术、制度框架和身体政权（body regimes），以及数学符号、字母和音乐符号等标记系统。那么如何理解传播的物质性呢？传播的物质性指传播过程中的物质载体。德布雷（Régis Debray）认为，媒介包括符号、语言体系和物质载体。信息的物质载体是显示屏，是书写的纸张表面。原来人们对媒介更多地关注传播效果，因为内容决定传播效果，但是今天，人们对媒介的关注从内容变成了物质载体，因为他们进一步发现传播的物质载体也影响传播效果。

由于麦克卢汉和基特勒都在谈论技术，所以在此简要对二者进行比较。首先是二者的相似之处：二人书写风格相似；都是文学领域的学者，作品充满文学特征；都因对自身学科产生不满而转向研究媒介技术；在学术路径上，都讨论了香农信息论，都从历史视角研究媒介。

但二人有重要的不同点。第一，对感官的认知不同。这可以延续到具身性的话题。"基特勒认为没有必要将所有媒介都挤向人类感觉器官的瓶颈。"[①] 麦克卢汉则聚焦人类感官："一个特定媒介的技术特质以某种可预测

---

① 温斯洛普-杨．基特勒论媒介 [M]．张昱辰，译．北京：中国传媒大学出版社，2019：147．

的方式影响着感官比例，进而对个体以及知觉进行了改造。"① 对天主教徒，计算机预示着"世界范围的理解与和谐的神恩降临的状态"。

第二个不同点是技术决定论的立场。"在基特勒更加微妙的解释中，技术决定论的面向是不存在的……基特勒预设了一个偶然得多的技术与理念体系间的关联。"② 媒介技术的变迁对话语产生重要影响，"从话语网络 1800 到话语网络 1900 的转变被认为是由媒介导致的。在处理数据的新型技术手段到来之时，文化的上层建筑都被颠覆了"③。准确地说，基特勒是技术视角，而不是技术决定论。

第三个不同点是对于传播符号在多大程度上可准确传递信息的认知。这个问题是从信息论对噪声的讨论引发的。麦克卢汉认为媒介即信息，强调渠道的存在会影响噪声，但是基特勒论述的是传播的物质性，是技术的物质结构而非渠道在影响噪声。他认为渠道只是宏观层面，要在微观层面结合物质的结构、文化技艺去了解符号的噪声如何影响信息传播。众多英语媒介理论都强调技术重塑了人类，然而基特勒认为：

> 人们所能留下的就是媒体储存和交换的信息。重要的已不是信息，也不是在技术时代为所谓灵魂配备的信息或者内容，而是（严格按照麦克卢汉的话来说）它们的电路，是感知的图示。④

在这一点上，基特勒和麦克卢汉的媒介理论虽然表面上趋于一致，但**基特勒更加关注技术的物质结构及其对文化带来的影响，而非技术对信息传播带来的影响**。基特勒提出"文化技艺"（Kulturtechnik，也译作文化技术）的概念来分析处在不同社会背景下的技术。媒介作为文化技艺，可以

---

① 温斯洛普-杨. 基特勒论媒介 [M]. 张昱辰，译. 北京：中国传媒大学出版社，2019：148.
② 同①.
③ 同①146.
④ 基特勒. 留声机 电影 打字机 [M]. 邢春丽，译. 上海：复旦大学出版社，2017：2.

让人们选择、存储和生产数据和信号。虽然都属于文化研究的范畴，但基特勒所代表的德国媒介理论与英国伯明翰学派的关注点完全不同。前者主要从哲学和认识论的角度来思考媒介变迁，而后者则以媒介内容研究为主。基特勒关注机械，但并不讨论亚文化、后殖民主义、性别、种族和阶级研究。"文化技艺"这个概念将社会制度化的实践、技术的使用和技术本身联系起来，并把三者放在复杂的环境中分析其运行动态。例如在《德考拉的遗产》（*Draculas Vermächtnis：Technische Schriften*）① 中，基特勒分析了女主人公米娜使用留声机和打字机的行为，旨在说明社会官僚化过程是如何被书写所诠释的。通过分析阅读、书写、打字、录音或者算术等"知识技术"，基特勒试图揭示技术变迁与时代特征之间的关联。② 此外，在麦克卢汉理论的基础上，基特勒进一步将媒介研究推广到数字化和计算机时代，并将计算机的存储能力和网络作为研究重点③，同时他还把香农的传播五要素的最后一个环节——目标对象改为"信息流的流失"（drain of streams of information）④。

麦克卢汉和基特勒都喜欢把媒介分析放到历史进程中加以考察。但麦克卢汉认为媒介是人的延伸，并从"延伸"的角度考察了从发明轮子以来的各种技术与身体、信息传递、感知与理解、社会结构和社会运行的转变之间的关联。基特勒则提出"时间轴控制"（time-axis manipulation）的概念，他更喜欢研究古希腊，并关注随时间而变化的媒介形态。在这一点上，

---

① KITTLER F. Draculas Vermächtnis：Technische Schriften［M］. Leipzig：Reclam，1993.

② 唐士哲. 作为文化技术的媒介：基德勒的媒介理论初探［J］. 传播研究与实践，2017，7（2）：5-32.

③ KITTLER F. There is no software［EB/OL］.（1995-10-18）［2023-02-17］. https：//Web. stanford. edu/class/history34q/readings/Kittler/There_is_No_Software. html；KITTLER F. Discourse networks 1800/1900［M］. Stanford，CA：Stanford University Press，1990.

④ KITTLER F. Discourse networks 1800/1900［M］. Stanford，CA：Stanford University Press，1990：37.

基特勒融合了黑格尔（Georg Wilhelm Friedrich Hegel）和海德格尔（Martin Heidegger）的德国技术哲学观，摒弃了以人的身体为核心的人文主义传统，转而强调媒介物质性，反对法兰克福学派严重忽略技术条件而过度强调人文学和人类的传统①，也从而在基本思路上与麦克卢汉的"身体延伸"理论分道扬镳。基特勒在很大程度上受到了早期福柯的话语分析的影响，这种影响尤其体现在基特勒早期和中期的研究中。而早期的福柯深受结构主义思潮影响，虽然他本人一再否认这一点，但在《词与物》和《知识考古学》中，福柯所构建的理论框架都明显体现出结构主义的特点。福柯开辟了"知识考古学"的研究路径，而基特勒则在很大程度上承续了这一路径，他从媒介物质性本体论出发的历史性叙事研究因此被称为"媒介考古学"。但是，基特勒还是明显摆脱了麦克卢汉式的二元结构话语，更加进入到后人文主义的物质性本体论和后结构主义的理论视野之中。

传统媒介史主要从字母、印刷媒体到计算机的创新和扩散的过程来分析媒介变迁，而基特勒的媒介理论改变了这个传统。在手写和印刷媒体时代，基特勒认为所有的书写形式都属于象征符号世界（symbolic universe），二者的区别只体现在用这些符号记录速度的快慢而已。取代字母符号的是模拟信号（analog），电影和留声机就是这项技术的典型代表。在模拟信号和光学技术媒介之后到来的是数字化技术和计算机。这些技术媒介可以选择、存储和制造物理真实性。借用拉康对象征符号（symbolic）和真实（real）两个概念的区分，基特勒认为在书写时代，人们能够记录的东西只能是已经存在于象征符号世界中的，也就是说事物本身具有"记号的本质"（nature of a sign）。但是当模拟信号技术取代了书写的垄断地位之后，人们记录的是"特殊的符号"，这已经超越了符号世界而成为一种对本质的记录，

---

① PETERS J D. Introduction：Friedrich Kittler's light shows［M］//KITTLER F. Optical media. Cambridge：Polity，2010：1-17.

也就是说人们可以记录本质本身。技术媒介允许人们精确地选择、存储和生产那些不符合语法规则的事情，而在之前这些独特的、偶然的、混乱的内容是无法通过符号来记录的。随着电子媒介技术的发展，人们超越意义符号的世界而进入了拉康所认为的真实的世界。[①]

在分析技术变迁与社会发展的关系中，麦克卢汉的媒介理论更加突出技术的重要作用，因此也常常被指责为"技术决定论"。但这种看法本身也存在一个在麦克卢汉的一系列著作中都无法解决的矛盾，正如尼古拉斯·盖恩（Nicholas Gane）和戴维·比尔（David Beer）所指出的那样："麦克卢汉开始着眼于信息技术从总体上给'人类事物'带来的改变，导致了一种介于基本人本主义和另一种认为人类主体性已消失于传播的机器属性的立场之间的摇摆。"[②] 另外，关于基特勒是否**技术决定论者**的争议目前尚无定论，这取决于我们从哪个角度看问题。如果我们讨论人类是否把技术作为一种代理形式的话，那么他也许算是，但这不意味着基特勒认为技术在其中起到决定作用。他的想法远比麦克卢汉要激进得多，他更多的是关注技术本身，而不是把人类与技术二分对立，甚至从不考虑什么是人类的问题。[③] 在他看来，技术的发展让人与机器之间的边界变得模糊，人类的主体是从属于客体的，人类的认知是一种在物理真实上的交互界面（interface）。基特勒在很大程度上认为媒介具有自主性，而且是文化历史有机运行的原因，这种观点和以兰登·温纳（Langdon Winner）为代表的"自

---

① KRÄMER S. The cultural techniques of time axis manipulation：on Friedrich Kittler's conception of media [J]. Theory, culture & society, 2006, 23 (7-8)：93-109.

② 盖恩，比尔. 新媒介：关键概念 [M]. 刘君，周竞男，译. 上海：复旦大学出版社，2015：38.

③ GANE N. Radical post-humanism：Friedrich Kittler and the primacy of technology [J]. Theory, culture & society, 2005, 22 (3)：25-41.

主性技术"① 的观点具有某种连续性。但是，当我们把问题变为历史的、政治的和经济的因素是否在媒介发展中产生影响时，他也许就不能算是一位技术决定论者了。从某种意义上说他是一位媒介哲学家，沿着"媒介决定了我们的处境"的视角关注不同历史情境下技术与社会关系的变迁。②

第三节　媒介中介性：克莱默尔的"信使模型"

西皮尔·克莱默尔是继基特勒之后又一位重要的德国媒介学者。她于1980 年在德国马尔堡大学获得博士学位，其博士论文《技术、社会与自然：三者关系的试论证》（Technik，Gesellschaft und Natur：Versuch über ihren Zusammenhang）奠定了她对技术研究的兴趣。1984 年她加入了"人与技术"（Mensch und Teschink）研究小组和德国工程协会（Verein der Deutscher Ingenieure）人工智能委员会。1989 年起克莱默尔开始成为柏林自由大学哲学系理论哲学教授，并于 1991 年出版了她的教授资格论文《计算理性：17 世纪的运算与理性主义》（Berechenbare Vernunft：Kalkül und Rationalisums in 17. Jahrhundert）。从这本书开始，她尝试着放弃之前媒介研究将技术作为先决条件并且形塑和决定媒介进程的思想，转而关注**媒介的中介功能**。此后克莱默尔对媒介的思考不断推陈出新，1998 年出版的《传媒、计算机、实在性：真实性表象和新传媒》（Medien，Computer，Realität：Wirklichkeitsvorstellungen und Neue Medien）③ 开创了一个与德国传统的

①　温纳. 自主性技术：作为政治思想主题的失控技术 [M]. 杨海燕，译. 北京：北京大学出版社，2014.

②　KITTLER F. Optical media [M]. Cambridge：Polity，2010.

③　克莱默尔. 传媒、计算机、实在性：真实性表象和新传媒 [M]. 孙和平，译. 北京：中国社会科学出版社，2008.

媒介研究所不同的研究视角。

目前英语和中文学界对克莱默尔的了解还比较少，但她在德国相关领域已经深有影响，她从哲学的角度来分析媒介技术，并发展出一套理论体系研究计算机作为媒介（medium）的功能。虽然克莱默尔发表了大量英语论文来分析基特勒的媒介思想，但她同时还创立了一种不同于基特勒的媒介哲学观。克莱默尔媒介思想的一个核心概念就是"信使模型"。这里的信使借用了古希腊神话中赫耳墨斯（Hermes）的形象，他是在边界之间不断穿行的旅行者之神，与彩虹女神伊里斯共同担当神界与人界之间的信使，同时也是亡灵的摆渡神，帮助死去的灵魂到达冥界。另一个理解克莱默尔媒介哲学的术语是"媒介性"（Medialität），在德语语境中这个词与人的认知有关，指精神世界的信息通过媒介被感知（wahrgenommen）和理解。早期的信使扮演着媒介的角色，媒介使信息"能够被感知"（Wahrnehmbarmachen）和"被看到"（Erscheinenlassen），所以克莱默尔认为媒介亦即感知。①

克莱默尔重新建构了一个与之前德国媒介研究所理解的媒介完全不同的概念。在她看来，日常生活中我们可以听到铃声，但是却无法看到声波的振动；我们阅读的不是文字而是故事。这些例子都说明，**媒介其实是不可听见、不可看见的**。它在传播过程中起到中介作用，而只有当这个功能运行不良时，媒介才会显现出来。② 在传播过程中，不仅语言被物质化了，连演说者也被物质化了。语言以声音、书写和手势的形式提供一条通往物质的外部之路。语言通过媒介的中介作用才能存在，通过媒介与语言使用

---

① KRÄMER S. Medium, messenger, transmission: an approach to media philosophy［M］. Amsterdam: Amsterdam University Press，2015.

② 克莱默尔. 传媒、计算机、实在性：真实性表象和新传媒［M］. 孙和平，译. 北京：中国社会科学出版社，2008.

者的身体相联系。①

她将传播划分为两种模式，一种是技术/邮递模式（technical/postal model），另一种则是人际/性合模式（personal/erotic model）。从技术/邮递模式来看，传播是在空间和物理距离间建立联系。传播在双方间进行，但是它们发出不同的声音，它们之间的差异性和距离无法消除。传播是对称性的、间接的，媒介则代表传播过程中非常必要的先决条件。而人际/性合模式则强调互动和对话，双方的距离和差异都在传播中消除了。克莱默尔在这里采用一种反讽的手法，使用"性合"一词说明两者在传播中相互理解、融合，原本条件相异的个体实现了共时性和统一。② 传播是一种社会互动或者对话形式，其目的在于促进社会交流、理解和建构社群。因此，根据人际/性合模式，传播是对称的且互惠的过程，传播的目的是通过互动将多元意见转化为同质化的意见，将不同的个体转换为具有共同认同的群体，最终使代表不同个体的声音保持一致。这一场景描述了交流的主体间性（inter-subjectivity），没有解决不了的分歧，没有理解也就没有沟通。尤尔根·哈贝马斯（Jürgen Habermas）在描述公共领域概念的时候，也将传播看成在不同的人之间消除差异的过程。意见不同的群体在公共平台上进行表达后，不同的意见最终融合为一种主流意见，彼此间能够彻底地实现理解，共同发言的目标也是为了达成共识，这正好符合人际/性合传播模式。

这两种模式都有一个前提，即交流的双方存在差异。③ 在技术/邮递模式中，信息的发出者和接受者之间存在空间和时间上的距离。而人际/性合模式则试图通过建立认同来消除个体内部已经存在的差异。在不同的传播

---

① KRÄMER S. Medium，messenger，transmission：an approach to media philosophy［M］. Amsterdam：Amsterdam University Press，2015.

② 同①22-23.

③ 同①22.

模式中，媒介所起的作用也是不一样的。前一种模式中的媒介是必不可少的，它处于传者和受者之间，没有媒介的话信息是无法传递的，但媒介并没有消除传受二者之间的距离，而是在二者之间建立联系；在后一种模式中，媒介处于外围并且是可以忽略的工具，它们是通向他者的中介，信息穿过中介的时候并不会发生扭曲，这种作用类似于窗户的透明玻璃面。① 对话关系的建立消除了距离，并且让交流双方得以相互理解。因而当双方通过对话不断消除差异且慢慢融合的时候，留给中介或者媒介的空间自然也就消失了。

需要明确的是，克莱默尔在这里对两种传播模式进行区分，目的是突出技术/邮递模式，因为这种模式强调了媒介不可或缺的地位和作用，而信使模型正是这种传播模式的代表。正因为媒介的作用不可消除，媒介性也才能实现。然而，虽然技术/邮递的与人际/性合的传播模式旨在进一步解释香农和哈贝马斯对传播的理解，但是就分析人们在传播的时候发生了什么的理论模式来看，技术/邮递的传播模式的解释力是不够的。在克莱默尔看来，她并不想强调对话在传播中不可替代的优先角色，也不想将互动性作为传播中的优先原则。她只是尝试着提供一种不同于前人注重技术的视角，从一种浪漫主义的角度来观察和理解传播过程。她用信使的功能来比喻媒介在传播过程中所起的中介作用。信使作为传递者，他们只是复述或者记录信息来源者所要传递的内容，然后传递给传播对象。信使受雇于信息来源者，自身不对内容负责，只作为中介。从某种意义上说，信使就是信息来源者的一种延伸。② 在这一点上，克莱默尔的媒介理论更加突出一种**"去人类主体性"**的媒介观，这和基特勒所强调的"媒介决定了我们的处境"完

---

① KRÄMER S. Medium, messenger, transmission：an approach to media philosophy［M］. Amsterdam：Amsterdam University Press，2015：23.

② ENNS A. Introduction：the media philosophy of Sybille Krämer［M］//Krämer S. Medium, messenger, transmission：an approach to media philosophy. Amsterdam：Amsterdam University Press，2015：9-18.

全不同。在基特勒看来，媒介具有**自主性**，而且是**文化历史有机运行的原因**。但需要注意的是，正因为在技术/邮递传播模式下媒介是无法消除的，这就为交流双方之间的连接和融合形成了一定阻碍。通常在传递过程中，我们希望降低干扰的影响。然而传播的物质越是技术的、不透明的，传播中的对话看上去就越容易被扭曲。

媒介、信使和传递（Übertragung）这三个概念是诠释媒介性的重要术语。相比于技术的决定作用，"媒介性"这一概念的解释力更强，因为它代表了所有社会和物质系统交换形式的基础。① 媒介的形式多种多样，在克莱默尔看来，天使、病毒、货币、翻译者、精神分析学家、目击者乃至地图都可以被看做媒介，它们在建立沟通纽带的同时还保存了沟通者之间的多样性。信使模型为人们能够深入观察一个存在多元个体的社群提供了一种特别的理论视角，个体之间因为存在空间距离而产生了差异，但这也为实现统一和主体间性提供了可能。根据媒介性理论，**所有传播其实都是传递行为**，大众传播作为人类传播形式中固有的一种维度，同样也属于技术/邮递模式。克莱默尔所理解的媒介更多地关注交流者之间的互动而非纯技术层面，信使模型更加强调传递过程和第三个存在（thirdness），而不是技术装置。从上述的分析中我们可以看出，克莱默尔的信使模型完全不同于麦克卢汉的媒介理论所强调的媒介技术所带来的重要影响，也和伯明翰学派的关注媒介内容的文化研究截然不同，同样与基特勒的媒介物质性本体论有着重大差别。就德语的媒介理论来讲，基特勒的媒介理论更加关注技术层面，而哈贝马斯则特别强调传播的对话层面，克莱默尔的媒介理论开创了一条重新诠释媒介本质的路径。和基特勒相似的是，克莱默尔也讨论数学中的形式化、计算和机械化等问题，并且引入"符号机器"（symbolische

① ENNS A. Introduction: the media philosophy of Sybille Krämer [M] //Krämer S. Medium, messenger, transmission: an approach to media philosophy. Amsterdam: Amsterdam University Press, 2015: 9 - 18.

maschine）的概念，认为符号是一种重要的媒介。她也从历史的角度对计算机发展进行考察，然而她并不认为机器是一种"被制造的主体"，而是符号的"中介功能"或者"形式化过程"的结果。① 这些观点也代表着对机器的研究从技术史的视角转向思想史的视角，从"技术操作"理念转向"符号操作"理念。② 传统的媒介哲学强调技术作为先决条件形塑和决定着媒介发展的进程，而克莱默尔认为媒介性才是阐释媒介中介功能的一个重要概念。③

英语学界的传播学或者媒介研究理论在很大程度上受制于前文所提到的"身体（人）-技术"或"媒介-社会（人的复合体）"的二元对立结构，从而要么突出技术的作用，要么重点关注人际互动，而克莱默尔的信使模型则试图建构一种更为宏大的理论框架，它并不区分技术与人，也不强调技术的力量，因此拓宽了人们对媒介及其功能的理解，也能避免"技术决定论"的争议。④ 和基特勒一样，克莱默尔承认传播的物质性，但她同时也受到认知科学的影响，将基特勒所强调的媒介本体的物质性发展为强调传播的物质性，即认为媒介与人的知觉之间存在一种互动关系，媒介是处于所有社会和物质系统中的一个活跃的中介。在克莱默尔看来，接受者是主动的，因为传播依赖于具身性（embodiment），接受者不需要按照信息发出者的意图来理解。这一点完全不同于斯图亚特·霍尔（Stuart Hall）的编码与

---

① KRÄMER S. Symbolische Maschinen：die Idee der Formalisierung in geschichtlichem Abriß [M]．Darmstadt：Wissenschaftliche Buchgesellschaft，1988.

② ENNS A. Introduction：the media philosophy of Sybille Krämer [M] //Krämer S. Medium，messenger，transmission：an approach to media philosophy. Amsterdam：Amsterdam University Press，2015：9－18.

③ KRÄMER S. Berechenbare Vernunft：Kalkül und Rationalismus im 17 [J]．Jahrhundert，de Gruyer，Berlin，1991.

④ 同②.

解码理论。由此看来，克莱默尔的媒介哲学理论已经从麦克卢汉或者以基特勒为代表的德国媒介理论传统中超脱出来，从而为人们理解人类、媒介与技术提供了更为广阔的视野。在这里人与技术之间处于更为平等的地位，二者互相联系且缺一不可，从而形成了一种去中心化的关系。

第四节　基础设施与媒介技术变迁

在媒介哲学和媒介本体论看来，媒介具有中介性和物质性的特征[①]，传播其实是将原本存在差异的传播者与接受者之间，通过媒介而**关联**起来的过程[②]。以交通系统、邮政和电信系统或者广播电台、电视台等为代表的**基础设施**（infrastructure）作为物质基础在新闻信息传递的过程中起着至关重要的作用。基础设施可以被定义为"各种大型的、具有力量放大的能力系统"[③]。其既包含**技术**元素，也包含**社会**元素，具体体现在"硬件"和"软件"两个层面，前者涵盖了互联网的输入/输出终端、数据库、网络基站、海底电缆、大型服务器、超算中心等实体工程，后者则包括与"硬件"系统相关的互联网公司、政府和技术组织、新闻媒体，以及网站（通信）协议（protocols）、相关法律和政策等由社会主体所建立的制度、价值和话语体系。[④] 基础设施强调了媒介的关联性，不仅连接着传播的主体与客

① 吴璟薇，曾国华.新闻学研究的物质性转向：数字时代的媒介本体与媒介中介性 [J].新闻与写作，2021（11）：28-37.

② SPRENGER F. Temporalities of instantaneity：electric wires and the media of immediacy [C] //JOHN D P, FLORIAN S, CHRISTINA V. Action at a distance. Minneapolis, London：University of Minnesota Press，2020：1-28.

③ 彼得斯.奇云：媒介即存有 [M].邓建国，译.上海：复旦大学出版社，2020：36.

④ ACLAND C R, DOURISH P, HARRIS S, et al. Signal traffic：critical studies of media infrastructures [M]. Illinois：University of Illinois Press，2015：1-30；彼得斯.奇云：媒介即存有 [M].邓建国，译.上海：复旦大学出版社，2020：37-38.

体，还将二者所处的不同时间和空间联系起来，甚至能够直接影响传播关系与传播效果。这种**基于基础设施所建立的关联**，既包含在不同时空基础上所造成的共时与共在，从而影响着媒介的时间和空间观念；也包括在物与人之间，以及物与物之间形成相关关系，从而建构的由人和物共同组成的关系网络。媒介技术的变迁不断改变着基础设施的形态及信息传播速度，从而也影响着新闻传播中的时空关系和人与物之间的关系网络。

从与媒介相关的基础设施的形式上看，19 世纪之前的新闻传播主要依靠人力与马通过道路交通来实现连接，不仅速度慢，传播周期也比较长。然而进入电力时代之后，遍布各地的电缆将不同的时间和空间连接起来，由于传递速度非常快，传播者和接受者之间原本存在的时间和空间差异也就消失了。智能时代到来之后，基础设施在新闻传播中的作用显得更加突出。互联网的普及使得信息传达世界各个角落成为可能，而建立在平台化基础上的智能新闻生产和传播，都需要通过基础设施平台来实现新闻内容的数据化及数据的收集、存储和运输，因为平台就是用来组织用户的互动的可编程的基础设施（infrastructure）。[①] 多种来源的新闻内容在被转化为数据之后，通过基础设施传入平台的数据接口在平台内进行整合。媒介的基础设施在此过程中将人与技术聚合起来，按照因果和相关等逻辑关系，通过计算机语义关系网，在内容生产者、传播者、接受者之间建立关联。大数据和人工智能的发展也可以被看做微处理器和网络环境中连接的结果，从而保证了算法能够以最小的时间间隔在全球信息网络上运行。[②] **基础设施**

---

① VAN DIJCK J，POELL T，DE WAAL M. The platform society：public values in a connective world [M]. New York：Oxford University Press，2018：9.

② STINE K，VOLMAR A. Infrastructures of time. An introduction to hardwired temporalities [J]. Media infrastructures and the politics of digital time. Essays on hardwired temporalities，2021.

对新闻价值的影响主要体现在两种维度：首先，基础设施连接着不同的地理空间并决定着新闻的传播速度，由此能够影响新闻的**时效性**，以及由于传播速度所导致的时间和空间关系的变迁；其次，基础设施还通过算法将不同的新闻内容以数据的方式建立起关联，影响着新闻价值中的**相关性**。

虽然在智能时代以前新闻的相关性已经以地理或心理相关的方式影响着受众的新闻消费，但是数字时代基于高速传播信息的基础设施和计算机语义关系所建立起来的关联，远比数字时代之前的范围更广。数字技术在新闻生产中的普遍运用已经改变了新闻价值的判断标准。传统新闻生产中对新闻价值的判断主要依新闻工作者的个人经验而定，这种标准是建立在主体对客体事物的理解之上的，即以人类主体之间的集体意识为标准来对外界进行认知和感受。这样一种主体间性使得人们能够根据自己的科学知识、对问题的理解、理论思维和实际行动来诠释世界的实践与意义结构，对新闻事件进行关联和诠释，然而却忽略了**技术**的维度。① 从以印刷技术为代表的纸媒时代，到通过光电模拟信号进行传播的广播和电视时代，乃至当下由电缆和光纤组成的以互联网为代表的数字时代，媒介技术都直接影响着新闻信息的传播以及新闻的价值标准。特别是当大数据和人工智能技术在新闻行业中成为主流技术后，算法通过计算机语言进行意义的拆分、识别和储存，将内容演化为数码物并在不同的客体间进行关联②，从而在作为主体的人之外建立起关系网络。在此过程中，数据作为一种客体物，在基础设施上通过聚合的方式产生了关联。数字技术下新闻价值的判断标准已经突破了人的主体经验的限制而更多地强调客体间的关联，这便是新媒介技术所造成的结果。因此，智能新闻时代需要通过**客体间性**的概念来理

---

① 许煜. 论数码物的存在 [M]. 李婉楠，译. 上海：上海人民出版社，2019：142.
② 吴璟薇，曾国华，吴余劲. 人类、技术与媒介主体性：麦克卢汉、基特勒与克莱默尔媒介理论评析 [J]. 全球传媒学刊，2019，6 (1)：3 - 17.

解媒介技术系统及其内部的新闻生产与传播机制。

根据计算机语义关系所建立的数据之间的关系正是客体间性的基础。在许煜看来，数据在本体论意义上是一种数码物，其建立起的客体间性既包括**客体内部与外部关系的物质化**——"技术将不可见成分或方面变为可见和可测量的形式，从而实现各种关系"①，这个过程亦即将事物转化为数码物的过程；也包括物质化之后的个体间性创造出**一种自身环境**，将自然与人造连接起来。在物质化的过程中，计算机将事物转化为数据后便建立了各种关联，以因果和相关的方式形成了数据库与网络。媒介本体论的视角将新闻的生产与传播的过程抽象为**内容被物质化为数码物的过程**，而数码物所构成的网络本身就是**一种关系网**。② 在以数码物为核心的智能新闻的时代，关系取代了内容而成为新闻中的关键问题。数码物所建构的周遭环境，同时将人与技术物都纳入媒介系统中，并决定着媒介中人与人、人与物以及时间和空间的关系。然而内容并不是数码物的关键问题，真正重要的是关系，数码物的网络同时也是一种**关系网**。③ 技术物本身包含了周遭环境，也就包含了人的因素，从而也决定了媒介中人与人之间的关系、时间和空间等。在数码物与媒介基础设施的关联下，贯穿全球电缆和光纤所组成的通信网络将不同的时间和空间关联起来，用时间消灭了空间，也造就了共时和共在。海德格尔在观察了电视、收音机和飞机等能够以较高速度进行传递的新技术之后，发现新技术正在让物理地点、人和时区之间的距离消失，所有物由此聚合在一起，形成一种"同一的无距离"④。通过聚合所形成的人与物的关系网，以及时间与空间的关联，正是客体间性的体现。

---

① 许煜. 论数码物的存在［M］. 李婉楠，译. 上海：上海人民出版社，2019：147.
② 同①130.
③ 同①130.
④ HEIDEGGER M. The thing［M］//Glenn Gray J. Poetry, language, thought. New York：Harper & Row, 1975.

媒介物质性将新闻传播的研究视角从人转向人与物共同构成的网络，从而也从根本上摒弃了人与技术对立的格局，并且在媒介科技不断加速变革的时代重新审视技术给新闻带来的影响。其实，自新闻业产生的那一刻起，技术作为重要的外部条件已经对其构成了重要影响。无论是印刷术的革新所实现的固定的报纸出版周期和现代报业的产生，还是电信时代通过电缆连接世界各地后所形成的四大通讯社瓜分全球新闻市场，以及互联网所带来的全球通信与新闻变革，新技术在带来新的媒介文化的同时，也改变着与之相应的社会结构、权力关系以及文化。基于物质性研究的视角，我们在接下来的章节中将陆续探讨人工智能技术与人的主体性之争、人与技术如何融合、内容的数字化和大数据对新闻意味着什么、如何理解智能技术下的新型新闻生产与传播关系、作为基础设施的媒介技术如何影响新闻价值等新闻学研究中的核心议题。

第二章

人工智能与人的双重主体性

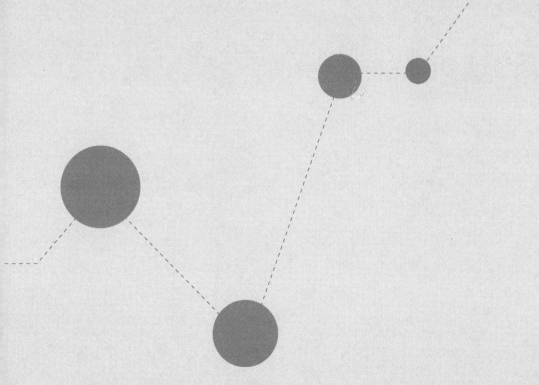

● 如果从媒介网络的视野来看，人在媒介系统中从来都处于一种双重的位置：就微观工作层面，无论是个人还是群体都对自己的工作具有相当程度的掌控性；然而，就整个媒介网络层面而言，无论是个体还是群体，都成为媒介网络系统的一部分，或者成为多重媒介网络组成的媒介系统的一部分，从而被整个媒介网络运转逻辑和技术媒介的演进逻辑所影响。

人工智能技术在新闻生产中的深度融合给传统的编辑和记者等职业带来巨大的冲击，大量人工被机器所取代，算法也取代了人的判断而决定着新闻分发。一个传统的经典议题再次被推到时代的风口浪尖上：人与技术，谁决定谁？在技术的自主性掌控下，人的主体性已经丧失了吗？人工会被机器所取代吗？人的主体性与技术的自主性的话题在新闻学研究中尤为重要，因为新闻行业并非普通的社会行业，作为社会公器，新闻承载着舆论监督与引导、文化传承等重要职能，仅仅因为技术变革，新闻记者就要将手中的权利与责任让渡于机器吗？智能技术迅速发展与普及并在媒介系统中占据主导地位，引发了学界和媒体对智能技术深刻的忧虑和大量的批评。在这一章里，我们系统回顾工业时代以来探讨人与技术关系的经典理论，并在此基础上反对将人与技术的关系进行简单的二分法的做法，进而提出智能时代人与技术关系的新思考。

第一节　人的主体性与技术的自主性之辩

技术和技术物的自主性及其对人的操控与支配性，并不是一个随着智能技术的广泛应用才引起关注的基础问题，而是具有长久历史的研究主题。在这个主题下，大致有两条相关联的分支路径：第一条路径具有宏大的理论视野，从理论隐喻的角度描述包含技术与技术物系统在内的、广泛的社会系统的自主性和支配性；第二条路径的关注点则较为集中，主要探讨技术与技术物系统自身演进的自主性，以及这种自主性对技术所处之环境乃至社会系统的改变。限于篇幅，下文将简述这个研究主题内最为关键的学者与理论。

一、第一条路径

第一条路径涉及现代学术史上的许多重要人物。例如，从机器开始大规模进入人类生活的时候，卡尔·马克思就已经注意到技术物的自主性和操控性，认为技术作为物质力量决定了物质的生产方式（生产资料决定生产方式），而物质活动又是人类一切活动中最基本、最本质的活动。从历史唯物主义的角度看，"手推磨产生的是封建主的社会，蒸汽磨产生的是工业资本家的社会"[①]。马克思认同早期人类形成的劳动技术，认为人类在早期以自发的、有意识的、生产性的劳动，形成了基于物质工具和生产技术的生产力。

> 各个人必须占有现有的生产力总和，这不仅是为了实现他们的自主活动，而且从根本上说也是为了保证自己的生存。这种占有首先受所要占有的对象的制约，即受发展成为一定总和并且只有在普遍交往的范围里才存在的生产力的制约。[②]

然而，伴随着工业化进程和新生产技术的不断发展，马克思对于资本主义生产条件下的"异化"的技术感到不安，他在《资本论》中曾经引述安德鲁·尤尔（Andrew Ure）在《工厂哲学》中的著名论断，将工厂描述为"一个由无数机械的和有自我意识的器官组成的庞大的自动机，这些器官为了生产同一个物品而协调地不间断地活动，因此它们都从属于一个自行发动的动力"[③]。当工人大规模使用机器进行生产的时候，作为人类本质

[①] 马克思. 哲学的贫困 [M] //马克思恩格斯选集：第1卷. 3版. 北京：人民出版社，2012：222.

[②] 马克思，恩格斯. 德意志意识形态 [M] //马克思恩格斯选集：第3卷. 3版. 北京：人民出版社，2012：209.

[③] 马克思. 资本论：第1卷 [M] //马克思恩格斯全集：第44卷. 2版. 北京：人民出版社，2001：482.

的、自由自觉的活动——劳动变成了异己的、与人对立的东西。工人不可避免地失去对自己工作的控制，从而失去对生活及自我的控制。工人从来都不是自主、自我实现的人类存在，他只能以资产阶级欲望的模式而存在。①

这种带有万物有灵论色彩的论断实际上是将技术当做一种仿佛具有生命一般，且不受人类控制的、异化的力量，而这种力量的背后驱动者即是由资本所推动的生产动力。在工人与机器合作生产的过程中，马克思也观察到了技术系统背后的逻辑。现代机器工业是一个有机整体，仿佛具有自组织能力一样，工人与机器组成各种分工小组协同劳作，形成有组织的机器体系，各局部机器之间不断交接工作。因此，"在发达的工厂中，起支配作用的是各特殊过程的连续性……当工作机不需要人的帮助就能完成加工原料所必需的一切运动，而只需要人从旁照料时，我们就有了自动的机器体系，不过，这个机器体系在细节方面还可以不断地改进"②。

身处第二次工业革命的马克思已经意识到机器与人所组成的有机系统所具有的自主性特征。"在机器体系中，大工业具有完全客观的生产有机体，这个有机体作为现成的物质生产条件出现在工人面前"，工业化社会的集体劳作已经彻底改变了过去单纯由人工所组成的手工集体劳作，"因此，劳动过程的协作性质，现在成了由劳动资料本身的性质所决定的技术上的必要了……大工业必须掌握它特有的生产资料，即机器本身，必须用机器来生产机器。这样，大工业才建立起与自己相适应的技术基础，才得以自立"③。

---

① 马克思.1844年经济学哲学手稿［M］//马克思恩格斯全集：第3卷.2版.北京：人民出版社，2002：266-280.

② 马克思.资本论：第1卷［M］//马克思恩格斯全集：第44卷.2版.北京：人民出版社，2001：437-438.

③ 同②443，441.

之后，马克斯·韦伯（Max Weber）则从另外一个角度阐释了技术的主导地位，即官僚管理系统的管理"技术"所带来的支配性。[①] 当然，鉴于其稳定性和高效性，韦伯对这种管理"技术"带来的支配性持一种肯定的态度。但在韦伯身后，众多学者对这个理论进行了更为多元的发展，其中许多支系甚至推翻了韦伯原初的看法。例如，卢卡奇·格奥尔格（Lukács，György）[②]，试图用韦伯的理论来阐释马克思的思想，或者调和二者之间的一些关键分野，在《物化和无产阶级意识》一文中，卢卡奇富有争议地指出，官僚管理系统理性化的**"事务性"**在很大程度上深化了工人通过进入马克思意义上的机器生产与资本主义生产关系而导致的"物化"现象，理性化的管理性"技术"与工厂机器推动的机械技术，共同推动了整个社会系统全面"物化"——一种由管理技术的自主性与支配性加上工厂机器的自主性和支配性所导致的人与社会的全面异化。[③]

法兰克福学派沿袭了马克思对技术的反思与批判的思想，通过对 20 世纪中期所盛行的科学主义思潮的批判而确立了自己技术哲学的理论观点：首先，法兰克福学派对技术的批判更多的是从对技术理性的批判出发的。批判工具理性/技术理性——当代科学技术进步和理性观念演变的产物——已经渗透到社会总体结构和社会生活的方方面面，成为单面社会尤其是单面文化的思想根源，成为这个社会进行合法统治的基础。其次，在批判实证主义的过程中形成一种"批判的科学哲学"，以人本主义作为出发点，分析当代科学技术给社会所带来的消极作用：在发达的工业社会中，科学技术是如何异化为一种新的控制形式的。在霍克海默（M. Max Horkheimer）

---

① 韦伯. 韦伯作品集：III：支配社会学［M］. 康乐，简惠美，译. 桂林：广西师范大学出版社，2004.

② 匈牙利习惯将姓放在前面。

③ 卢卡奇. 物化和无产阶级意识［M］//卢卡奇. 历史与阶级意识. 杜章智，任立，燕宏远，译. 北京：商务印书馆，1996：143-304.

和阿多诺（Theodor Wistuqrund Adorno）看来，新的技术欺骗群众的文化根源，技术和科学的统治结合给文化带来了一种消极的后果，文化工业中每一种事物都是为资本服务的，技术具有抹杀文化创造性的作用。

赫伯特·马尔库塞（Herbert Marcuse）认为科学技术造就了单向度的人，科学技术理性的操纵形成了社会的控制形式。知识由于受到技术的控制，只剩下一个基础的量化的世界，其客体越来越依赖于主体。在科学技术理性的极端形式中，一切自然科学的问题都消解于数学和逻辑之中，即客体的概念被消除。这时，技术理性就会先验地适用于维护社会的统治制度，当技术的逻辑融入统治逻辑后，科学技术、量化、技术的主体就会凸显出来，成为当今社会的控制形式。技术并不是中立的，技术社会是一个统治系统，已经在按技术的思想和结构来运转。在马尔库塞看来，技术统治等同于技术异化。技术手段把它的政治要求强加给自由和劳动时间，这时候自由人的主体性、主动性以及劳动已经被技术所控制和强化了，技术变成集权主义者，而这正是当代发达工业社会单面性的罪恶根源。

而尤尔根·哈贝马斯则强调"系统"中工具合理性对价值合理性的挤压，将会导致系统**"对生活世界的殖民化"**①。科学技术在资本主义社会中的合法化（legitimation）使社会劳动工业化，因此工具理性就渗透到生活的其他领域和社会组织之中了。这时候便产生了一种技术对人的统治，"技术使人不可能成为自主的"②，这其实与马尔库塞和霍克海默都是有所呼应的；"技术使人不可能决定自己的生活"，这句话和马克思也是呼应的。这里，他也呼应了霍克海默的一句话，科学技术及意识形态不仅仅只是一种直接的生产力，"科学技术即意识形态"。在哈贝马斯批判技术的时候，马

①　哈贝马斯. 交往行为理论：第1卷［M］. 曹卫东，译. 上海：上海人民出版社，2004.
②　哈贝马斯. 作为"意识形态"的技术与科学［M］. 李黎，郭官义，译. 上海：学林出版社，1999：38－83.

尔库塞分析了后期资本主义的两大发展趋势：一个是国家加强了对经济生活的干预，另外一个和技术高度相关，就是科学技术日益取得了合法的统治地位，科学技术进步使技术出现了"合法化"的进程。如此一来，原本哈贝马斯所设想的公共领域——通过公众所讨论，每个人都参与从而形成主流意见——已经不复存在了，而是变成了"由科层组织中的专家使用技术来解决的技术问题"。虽然马尔库塞和哈贝马斯对技术是否中性的存有争论，但二人都认为技术在一定程度上造就了人的被动与技术的统治，这也是当下资本主义发展的重要特征。

同一时期，大西洋彼岸的刘易斯·芒福德（Lewis Mumford）提出的"巨机器"（megamachine）理论也是这个路径中非常有影响的理论之一。芒福德指出，现代技术已经变成"巨技术"（megatechnics）——一种与有机世界的系统性密切关联的生活技术、适应性技术和多元技术相反的，一元化的和专制性的技术。建立在巨技术之上的"巨机器"，则是追求整齐划一的秩序、追求权力和控制的机制化机构，如美国国防部的"五角大楼"、NASA与登月火箭计划、核武器等都是典型的巨机器。[1] 然而，芒福德的《机器的神话》只是针对机械时代的技术现象所阐发的理论反思，在数字技术时代，布鲁诺·拉图尔（Bruno Latour）则从自己所提出的行动者网络理论（actor network theory，ANT）出发，进一步发展了"巨机器"理论。拉图尔指出，**技术是社会性的，因为它们是被社会地建构起来的**。因而，技术是一种**社会关系**，而社会掩藏在了技术拜物教的身后。千百年来，人们已经将社会关系的概念延伸到了行动体（actant）——既包含人也包含非人。通过在行动之间建立的联系（associations），人与非人共同构成了行动

---

① MUMFORD L. The myth of the machine：Vol. II：The Pentagon of power［M］. New York：Harcourt Brace Jovanovich，1970；MUMFORD L. Technics and human development：the myth of the machine：vol. I［M］. New York：Harcourt Brace Jovanovich，1971.

的共同体。在这个过程中，现代工业赋予了非人在行动体聚合中彼此关联的可能性，这种聚合被人们称为机器或者机器人（automaton），即具有某种自主性并且遵循特定的、能被工具或者计算程序进行测量的规则。工业化社会到来之后，组织中原本由人组成的部分子程序被非人所代替，机器、工厂、工业和机器人便产生了。一开始非人加入组织而且扮演着顺从的仆人角色，然而随着工业化进程的不断发展，巨机器中对人的管理工作逐渐转移给了非人，技术从而通过权力网络学习大规模管理。① 在这种结构中，人与非人都共同为技术系统的有序运行而服务，人类不再具有自立的人格，更不能积极发挥职能作用，而只能成为一种消极被动、无目的性的、服从机器操控的动物。②

二、第二条路径

第二条路径主要由法国哲学家雅克·艾吕尔（Jacques Ellul）及其理论追随者兰登·温纳所推动。艾吕尔在其《技术社会》（*The Technological Society*）一书中提出，"技术已成为自主的，它已经塑造了一个技术无孔不入的世界，这个世界遵从技术自身的规律，并已抛弃了所有的传统"③。技术本身能够在人的计划、期望和选择之外实现一种自我生成的过程，而且一项新技术的发现能够使得技术成为可能，并成为其产生所需的条件。④ 这便意味着，技术的发生与发展是一连串的、自主式的生成。经过一段时间的发展，技术会变得越来越专业化和复杂化。兰登·温纳在此基础上进

---

① LATOUR B. Pragmatogonies：a mythical account of how humans and nonhumans swap properties [J]. American behavioral scientist，1994，37（6）：791－808.

② 芒福德. 刘易斯·芒福德著作精萃 [M]. 宋俊岭，宋一然，译. 北京：中国建筑工业出版社，2010：346.

③ WILKINSON J, MERTON R K, ELLUL J. The technological society [M]. New York：Vintage Books，1964：14.

④ 同③86.

一步细化指出，在技术系统中，虽然工程师通过程序等手段控制着机器，掌握着程序的实施与更新，但技术却能够实现自治、独立、不为外部法则或者力量所支配。技术一旦投入使用，便能够形成自我生成、自我延续和自我编程。① 不仅如此，技术的自主演进还会发展出一种"技术律令"，即技术"运作的条件要求对其环境进行重建"，因为要使技术发挥作用，工具使用者不但需要提供一种工具，还必须提供"使这个工具能发挥作用的一整套手段"②，从而技术会推动一种"反向适应"③，即技术手段会推动其环境乃至于采用这种技术手段的目的的变化，甚至推动统治的变化。

以上这两条路径，除了阐述技术与系统的自主性与支配性的一般理解之外，对媒介、传播与文化研究思想的影响也非常明显。简要举例来说，卢卡奇的论述在相当程度上影响了法兰克福学派中包括霍克海默、阿多诺和马尔库塞在内的早期学者，他们对晚期资本主义生产方式、文化工业与资本主义意识形态的论述明显受到了卢卡奇的影响，上文中提到的哈贝马斯则一生最主要的工作都在与"系统"对"生活世界的殖民化"做理论斗争。对媒介与传播研究影响极大的吉尔·德勒兹（Gilles Deleuze）和菲力克斯·瓜塔里（Felix Guattari）二人所提出的"社会机器"思路也和马克思意义上的"机器"概念有直接的承接关系。④ 在美国传播学研究中，尼尔·波斯曼（Niel Potsman，又译波兹曼）关于媒介生态学的相关论著也强调技术的自主性，认为技术一旦为人所接受，就会"按照它设计的目标前进"⑤；此外，赫尔曼（Edward Herman）和乔姆斯基（Noam Chomsky）

---

① 温纳．自主性技术：作为政治思想主题的失控技术［M］．杨海燕，译．北京：北京大学出版社，2014：13－16．
② 同①13－87．
③ 同①86，203．
④ 帕顿．德勒兹与政治［M］．尹晶，张璟慧，译．开封：河南大学出版社，2018．
⑤ 波斯曼．技术垄断：文化向技术投降［M］．何道宽，译．北京：北京大学出版社，2007：3．

的《制造共识》① 等研究也明显受到上述理论脉络的影响。

从理论脉络来看，这些理论展示了现代技术发展之后理论界对于技术自主性与支配性的长期忧虑与批判，它们一致指向技术所体现的自主、支配性特点所带来的社会性后果。然而，这些理论虽然也对媒介与传播理论产生了直接或间接的影响，并对理解当下的媒介与传播现象仍具有启发意义，但是它们在总体上关注宏观叙事的特征，并从人类主体性的角度出发阐述对现代技术自主性与支配性的批判。这种视角忽视了人和技术可能存在的网络关系，以及从这种网络关系出发去审视媒介技术与人的关系时可能获得的新洞见。对媒介技术与人的关系进行系统分析，还需要借助近年来不断兴起的德国媒介理论及其代表基特勒等的媒介技术思想来挖掘一种与上述理论脉络所不一样的，且更具互动性和长期性的视角。

第二节　重构人与技术关系——媒介网络

德国媒介理论及其所建立的研究范式，主要代表为基特勒所建立的媒介理论。在这之前，在德国学术界占有主导地位的仍然是法兰克福学派及其所代表的批判性研究，包括其中的技术批判研究。法兰克福学派在理论上主要沿袭德国古典主义哲学（如黑格尔），以及马克思的批判思想，还有后期加入了很多西格蒙德·弗洛伊德（Sigmund Freud）的精神分析学的观点。其研究主要关注对资本主义的批判，尤其是在资本主义的社会中，大众传播媒介对社会、政治、经济方面的作用问题。阿多诺和霍克海默的

---

① 赫尔曼，乔姆斯基. 制造共识：大众传媒的政治经济学 [M]. 邵红松，译. 北京：北京大学出版社，2011.

《启蒙辩证法》已经开始关注广播电视和电影，并进行文化工业的批判研究。这是德国媒介研究明确产生之前一种非常重要的理论的思路或方式，也影响了后面的媒介研究。

20 世纪 70 年代，随着法兰克福学派的衰落，德国理论界开始出现真空，以麦克卢汉为代表的北美伊尼斯学派，以及来自法国的福柯与后现代理论开始进入德国。随后基特勒便成为德国媒介理论的重要代表人物。首先，因为基特勒是第一个在作品中融入"麦克卢汉元素"的学者：在法兰克福学派的传统失去曾经的辉煌后，麦克卢汉的一系列作品为媒介研究引入新的研究方法、研究对象和研究主题。其次，基特勒带来了媒介研究范式和研究对象的转变。原来法兰克福学派更多的是从高雅文化的视角出发批判所谓的通俗文化或者是大众文化。再次，基特勒摆脱了法兰克福学派原先强大的阴影，在理论真空的时候，他带来一种从文本分析到文化分析的转向，包括摒弃原来以高雅文化为标准的批判视角，融合了文化研究中对日常大众文化的关注等。

基特勒融合了黑格尔和海德格尔的德国技术哲学观，以及拉康、福柯、阿兰·图灵（Alan Mathison Turing）、麦克卢汉和保罗·维利利奥（Paul Virilio）等的思想。在学术路径上，他摒弃了以人的身体为核心的人文主义传统，转而强调媒介物质性，反对法兰克福学派严重忽略技术条件而过度强调人文学和人类的传统。他的思想中融合了很多法国后现代与德国古典哲学的思想，更强调媒介的物质性结构，从而摒弃了原来法兰克福学派强调人文主义的一面。基特勒的观点与法兰克福学派很不相同，而且他也不会过多强调资本主义的统治等话题。他更多的是把媒介放在时间维度考察，重点关注整个技术的变迁。同时在理论思路上，他也和麦克卢汉的"媒介是人身体的延伸"的观点分道扬镳，他不再强调信息，不再强调身体，而是强调技术作为符号载体的物质本身。至 90 年代之后，相关流派的理论显示出生命力，它们对媒介技术变迁、媒介考古学、控制论等方面的研究都是由基特勒所触发的学术研究领域。

承袭了德国技术哲学的理论路径，基特勒的媒介理论具有非常强烈的媒介本体论色彩。基特勒认为，在本体论层面，并不应该依照亚里士多德所开启的形而上哲学的传统，即主要依照形式与质料的差异来定义事物的方式来定义媒介（例如常见的纸媒和广播电视的区分），而应该延续马丁·海德格尔所开创的技术本体论，从媒介在"时间与空间中的关系"来定义媒介自身。① 而技术媒介的本体论特征则基于"处理、传输、存储"数据和信息的网络，这种特征可以在"技术媒介的整个递归历史中寻找到"②。无论是书写、印刷，还是打字机、留声机和电脑，这些技术媒介都使得信息、话语和语言在空间得以"处理、传输、存储"，从而使得信息、话语和语言在时空中成为"不朽的东西"③。

基特勒一生中反复阐述的一个重要思路，即无论是从某些特定的时代的话语网络来看，还是从雅典已降的长时段历史来看，技术媒介网络都对社会沟通与运行、知识与话语的生产与存储产生决定性影响。④ 例如，基特勒以哲学书写为例指出，羊皮纸代替莎草纸、古登堡印刷机代替手写，不论对哲学的形式还是哲学的内容都产生了系统性的影响。⑤ 而媒介技术对于艺术和生活的影响，基特勒曾经这样论述道："因此，技术装置可以从所谓的艺术家的眼睛和手中分离出来，形成那些绝对自主的领域——光学媒体

---

① 基特勒. 留声机 电影 打字机 ［M］. 邢春丽，译. 上海：复旦大学出版社，2017.

② KITTLER F. Towards an ontology of media ［J］. Theory, culture & society, 2009, 26（2-3）：23-31.

③ KITTLER F. Draculas Vermächtnis：Technische Schriften ［M］. Leipzig：Reclam, 1993：11.

④ KITTLER F. Draculas Vermächtnis：Technische Schriften ［M］. Leipzig：Reclam, 1993：11；KITTLER F. Towards an ontology of media ［J］. Theory, culture & society, 2009, 26（2-3）：23-31；KITTLER F. Optical media ［M］. Cambridge：Polity, 2010.

⑤ 同②.

技术，它们环绕着我们，甚至决定着我们今天的生活。"① 在《留声机 电影 打字机》中，基特勒用更加简约的一句话将之归纳为"媒介决定人的处境"②。

在上述基本观点的基础上，基特勒的确主张在人与技术共同构成的媒介网络中，技术本身体现出了自主性，而人的主体性的绝对性在很大程度上早已消融。例如，在作为技术媒介的计算机里面：

> 一个简单的反馈圈——信息机器——就超越了人类，它们所谓的发明者。计算机本身变成了主体。如果预先编写的条件不存在，数据处理可根据编好指令的惯例照常进行，但如果某个中间结果可以实现条件，那么程序本身就可以决定其后的指令，即它的未来。③

不仅如此，在对"媒介网络"概念做出系统诠释的《德古拉的遗产》一书中，基特勒直率到有些令人不适地指出，在机械技术媒介（如留声机和打字机）出现之后，人本身"就是机器话语处理的配件和工具的主体"④。因而，在媒介技术不断迭代的过程中，每一种新技术的出现都会引起社会层面的"恐慌"、忧虑和批评。在《留声机 电影 打字机》一书的"前言"中，基特勒带有一丝怜悯地写道："在技术媒介刚刚兴起之时，其革新曾经引起极度的恐慌"，这种过往的"惊恐情绪""就成了我们现代对未来充满恐慌的真实写照"⑤。

但是基特勒毕竟是深受海德格尔影响的媒介理论家，他并不单纯地认

---

① KITTLER F. Optical media [M]. Cambridge：Polity，2010：19.

② KITTLER F. Gramophone，film，typewriter [M]. Stanford，CA：Stanford University Press，1999：XXXIX.

③ 基特勒. 留声机 电影 打字机 [M]. 邢春丽，译. 上海：复旦大学出版社，2017：299.

④ KITTLER F. Draculas Vermächtnis：Technische Schriften [M]. Leipzig：Reclam，1993：57.

⑤ 同③2.

为媒介作为一种限制性的"外部性"来"决定人的处境",从而使得人的主体性被压制甚至处于奴役之中。如上所述,基特勒的确采取了一种非常典型的"后人类主义"的叙事视角,在他的论述中,物质意义上的媒介网络(比如由录音机、耳机以及打字机组成的课程记录的媒介网络)占据了叙事的主线。在这样的媒介网络中,人本身并不是媒介网络的主角,而更多的是信息和媒介的传送、记录和保管者,一种"机器话语处理的配件和工具的主体"。在这个意义上看,他的确如他自己所坦承的,"将海德格尔的技术概念转移给了媒介"①。

然而,这种后人类主义的叙事视角并不能完全掩盖他的海德格尔式的关系本体论视野——一种基于"共在"的视角。基特勒从关系本体论出发,非常强调技术、媒介与身体的融汇对于个体和群体存在情境的创造作用。他始终认为媒介技术在不断发展的过程中与人融合成一个运作网络,也将"所谓的人分裂成生理结构和信息技术"②。例如,数字媒介技术通过声光电等多媒体形式,将原本在书写时代被分割开来的不同感官领域整合在一起,替代了人的中枢神经系统,也**"模糊了人与机器之间的界限"**③。通过技术的更新迭代,"人和它的模拟者联合起来了"④,机器通过不断学习来改进自身程序,以不断贴合人的需求,也因此变得更加智能化。因此,媒介技术物质性能够部分消融人的主体性,但是从本体论的角度来看,人、物、媒介技术关联本身就处在一种关系网络之中⑤。所以在基特勒的媒介本体论

---

① KITTLER F, BANZ S. Platz der Luftbrücke: Ein Gespräch [M]. Cologne: Oktagon, 1996: 21.

② 基特勒. 留声机 电影 打字机 [M]. 邢春丽,译. 上海:复旦大学出版社,2017:17.

③ 同②17, 54-55.

④ 同②18.

⑤ KITTLER F. Towards an ontology of media [J]. Theory, culture & society, 2009, 26(2-3): 23-31;海德格尔. 演讲与论文集 [M]. 孙周兴,译. 北京:生活·读书·新知三联书店,2005: 180-181.

中，**技术并非唯一的决定因素**，而需要在与人组成的媒介网络之中才能发挥作用。

新闻平台的数据化也给理解新闻生产中人与技术的关系带来了挑战。然而，人与技术的冲突并非数字新媒体时代的产物，而是从机器开始大规模进入人类生活的时候就已经被注意到了。尤其伴随着工业化的发展，技术的自主性特征也越来越突出。马克思在《资本论》中将工厂描述为"一个由无数机械的和有自我意识的器官组成的庞大的自动机，这些器官为了生产同一个物品而协调地不间断地活动，因此它们都从属于一个自行发动的动力"①。在技术系统中，虽然工程师通过程序等手段控制着机器，掌握着程序的实施与更新，但技术却能够实现自治、独立、不为外部法则或者力量所支配。技术一旦投入使用，便能够形成自我生成（self-generating）、自我延续（self-perpetuating）和自我编程（self-programming）。② 虽然人与技术都同时参与到新闻生产中，但在算法和交互界面的共同作用下，无论是参与编程的工程师还是最终进行审核的内容把关人员，都需要遵循系统的技术逻辑：工程师的代码必须按照特定的计算机语言和逻辑进行，而人则需在算法出现问题的时候进行审核，协助系统更新以保证系统更加准确有效地运行。

从这个角度来看，数字技术下的新闻生产体系已经成为一个"巨机器"（megamachine），无论是人还是技术都需要服从客观的秩序、目标一致、精确、守时、多产、快速高效和标准化。在巨机器中，技术是被社会地建构起来的，是一种社会关系。③ 千百年来，人们已经将社会关系的概念延伸到

---

① 马克思. 资本论：第1卷［M］//马克思恩格斯全集：第44卷.2版.北京：人民出版社，2001：482.

② WINNER L. Autonomous technology：technics-out-of-control as a theme in political thought ［M］. Cambridge：MIT Press，1978：13 - 16.

③ LATOUR B. Pragmatogonies：a mythical account of how humans and nonhumans swap properties ［J］. American behavioral scientist，1994，37（6）：791 - 808.

了既包含人也包含非人的行动体，通过与行动之间进行财产交换，人与非人共同构成了行动的共同体。在这个过程中，工业赋予非人在行动体聚合中彼此关联的可能性，这种聚合被人们称为机器或者机器人（automaton），其具有某种自主性并且遵循特定的能够被工具或者计算程序进行测量的规则。工业化社会到来之后，组织中原本由人组成的部分子程序被非人所代替，机器、工厂、工业和机器人便产生了。一开始非人加入组织而且扮演着顺从的仆人角色，然而随着工业化进程的不断发展，巨机器中对人的管理逐渐转移给非人，技术引入通过权力网络学习到大规模管理。在这种结构中，人与非人都共同为技术系统的有序运行而服务，人类不再具有自立的人格，更不能积极发挥职能作用，而只能成为一种消极被动、无目的性的、服从机器操控的动物。[①]

很多人也在孤立地理解基特勒中期的"后人类主义"视角，认为至少从表面上看起来，在基特勒以技术媒介为主体的媒介网络中，人更多的是信息和媒介的传送、记录和保管者，是一种"机器话语处理的配件和工具的主体"。在这个意义上，基特勒比他自己所坦承的"将海德格尔的技术概念转移给了媒介"[②] 其实还更进一步，他将技术对人的"促逼"作用推向了极致。[③] 但是实际上，基特勒对于媒介的网络关系主体性的阐述要复杂得多。基特勒本人的确主张，技术媒介的本体论特征即是基于处理、传输和存储数据和信息的网络，无论是书写、印刷，还是打字机、留声机和电脑，这些技术媒介都使得信息、话语和语言在空间得以处理、传输和存

---

① 芒福德. 刘易斯·芒福德著作精萃［M］. 宋俊岭，宋一然译. 北京：中国建筑工业出版社，2010：346.

② KITTLER F, BANZ S. Platz der Luftbrücke：Ein Gespräch［M］. Cologne：Oktagon，1996：21.

③ 海德格尔. 演讲与论文集［M］. 孙周兴，译. 北京：生活·读书·新知三联书店，2005：12.

储。而在现代技术媒介条件下，技术媒介的强大的自主性将人变成了机器话语处理的配件和工具。但是，一方面，基特勒强调，技术媒介从来不是单独的媒介，而是由诸多媒介形成的网络。例如，"图书馆是被称为书的存储媒介的存储媒介"①。扩大来说，就"被称为书的存储媒介"来说，古登堡式印刷机、书、运输售卖系统、书箱、家庭书架或图书馆（甚至是制造这些技术媒介的其他技术媒介和工具），共同组成了一个技术媒介网络。在此基础上，小到雅克·拉康授课时由录音机、耳机以及打字机组成的课程记录媒介网络②，大到一个国家阶段性的总体话语网络③，都在模拟媒介网络的基础上得以形成。从基特勒的媒介网络主体视角进行分析，人的绝对主体地位如果不是从来都未曾存在的话，那么至少在机械媒体时代已经大部分消融。另一方面，基特勒毕竟是深受海德格尔影响的媒介理论家，这种后人类主义的叙事视角并不能完全掩盖他的海德格尔式的关系本体论视野，一种基于"共在"的视角。如果统合基特勒前后期尤其是后期的"文化技术"的学术思想来看，那么媒介技术本身显然不是唯一的决定因素：技术需要在与人组成的媒介网络之中才能发挥作用。

然而，无论如何，部分基于巨机器理论以及基特勒中期理论的阐述在一定程度上给予人们"数字媒介"的主体性正在全面侵蚀人的主体性的错觉。鉴于此，之后的众多的媒介与传播理论家从多个角度对其进行了补充。那么下文就简述德国媒介理论从"媒介性"/"中介性"角度对于传播物质性的重构，并基于这种重构来补充论述智能新闻平台在用户使用与消费层

① KITTLER F. Towards an ontology of media [J]. Theory, culture & society, 2009, 26 (2-3): 23-31.

② KITTLER F. Draculas Vermächtnis: Technische Schriften [M]. Leipzig: Reclam, 1993: 1-57.

③ KITTLER F. Discourse networks 1800/1900 [M]. Stanford, CA: Stanford University Press, 1990.

面的关系主体性问题。

第三节　智能媒介网络与人的境况

　　基于大数据与人工智能的智能技术的广泛应用正在全面重塑和再造新闻与资讯的生产、分发、用户互动与评价等全部流程环节，并对当下的媒介状况与社会生存情境产生复杂而深刻的影响。智能技术的推广和运用多处于对新技术的监管相对宽松的情况下，主要经由技术演进的自主推动，或经由用户对新技术的自发或被动员起来的需求驱动而急速发展，并未经过广泛而长期的讨论和论证，因此也造成智能技术迅速切入原有的媒介系统，并逐渐形成占据媒介系统主导地位的局面，引发学界众多的讨论与担忧。在第二节对人与技术的关系进行系统讨论的基础上，本节主要聚焦由处理、传输和存储等三个环节所组成的智能媒体时代新闻生产的**宏观**流程，从基特勒所提出的"媒介网络"的视角出发，将智能新闻生产中的人与技术因素——除了编辑记者等传统的新闻生产者外，还包括数据存储系统等硬件设施和打标签的"隐形工作者"、内容审核人等——都共同纳入考量范畴，更加系统而深入地探索智能新闻生产背后的人与智能技术之间的关系，从而拓宽我们对新闻生产与媒介网络的认识。

一、消融的主体性？智能媒体中的人与机器

　　在技术高速发展的时代，社会媒介系统的结构与权力关系也发生了激烈的变化，并同时在迅速改变着社会结构、社会权力构架和利益分享分配机制，这引致学界和媒体深刻的忧虑和大量的批评。其中，一般伦理学取

向的研究对于智能技术在新闻的自动化生产、信息的智能化核查与分类、用户"定制化"推送、评价自动化与"算术化"等多重层面所造成的潜在或者显在的广泛伦理问题进行揭示和批评，例如对虚假新闻、商品化新闻、信息泄露、个体与群体权利侵犯、社会极化加剧、自动评价偏差等问题的批评[①]；而政治经济学取向的研究则追问智能技术所带来的资本对媒介的控制、数字劳动的不平等性、数字鸿沟的扩大与社会分化的加剧等议题[②]。上述两种分析路径初看起来存在着巨大的区别，但其实二者都共享同一种视角：智能技术的广泛应用呈现出较高的自主性和支配性，从而在社会后果层面危及人类的主体性地位。因此，智能技术的下一步运用，需要时刻从"以人为本"的主流价值观出发，对技术的自主性和支配性需要即刻加以众多的限制，以免引发更多的问题。

这些批评从多个层面直击智能技术对当下社会情境所带来的激烈冲击，具有深刻的媒介产业理解和社会洞见。然而，当我们试着换一种角度，**把智能技术融入社会、群体和个人之间关系的一般理论之中考察**时，则又面对被忽视的关键点：智能媒体的自主性和支配性不但体现在社会性的后果层面，而且体现在**媒介网络**和**媒介系统**的具体微观运作中，"人"也早已成为与媒介技术和媒介物相互关联的部分。在这些媒介网络中，人的主体性地位至少已经开始部分地消融。那么，这种消融是否可以通过人对主体性

---

① 陈曦.机器新闻写作的现实困境及对策研究［D/OL］.长沙：湖南师范大学，2018［2023-02-18］.https：//kns.cnki.net/KCMS/detail/detail.aspx？dbname=CMFD201901&filename=1018164221.nh；韩鸿，彭璟.论智媒时代社交媒体的社会责任：对2016美国大选中Facebook假新闻事件的反思［J］.新闻界，2017（5）：86-93；刘梦逸.融媒体环境下虚假新闻的危害及对策探析［J］.新闻研究导刊，2020，11（12）：59-60；彭兰.假象、算法囚徒与权利让渡：数据与算法时代的新风险［J］.西北师大学报（社会科学版），2018，55（5）：20-29.

② 格雷，苏里.销声匿迹：数字化工作的真正未来［M］.左安浦，译.上海：上海人民出版社，2020；吴鼎铭，胡骞.数字劳动的时间规训：论互联网平台的资本运作逻辑［J］.福建师范大学学报（哲学社会科学版），2021（1）：115-122，171；许向东，郭萌萌.智媒时代的新闻生产：自动化新闻的实践与思考［J］.国际新闻界，2017（5）：29-41.

的进一步或者重新伸张来挽救？

　　这一章主要循着基特勒"媒介网络"的路径来考察智能技术的大规模应用与人的存在境况的问题。现有研究已经较为充分地从宏观社会后果的角度描绘了智能媒体的支配性，因此这里主要立足智能媒体平台，尤其是智能新闻资讯平台的微观生产角度，来呈现媒介技术与人之间的网络关系。的确，智能技术的大规模应用部分消融了人的部分主体性，人本身的处境也延续了机械媒体出现之后的境遇：在一定程度上人变成了"机器话语处理的配件和工具的主体"①。但正如海德格尔在其著名的《对技术的追问》中所提到的，危险之处存在着解决的机会②。如果将基特勒的思想融汇起来看，而不是简单摘取其具有典型技术决定论的句子，那么媒介网络路径本身蕴含着一种基于媒介关系本体论的解决路径。

　　具体说来，我们将通过媒介与传播物质性理论的视野来分析智能技术，并讨论智能技术的广泛应用所带来的"人的境况"问题的多义性和多层次性。在方法上，我们主要通过综合诠释学和质性研究方法来探索智能算法主导的平台媒介网络的运作状况，以及媒介技术物（一般意义上的客体）和人（一般意义上的主体）在这个运作过程中所组成的网络关系。质性方法的研究过程则包括三个部分。首先，从 2011 年对新浪微博平台研究开始，我们对包括即时通信、电子商务和新闻聚类分发平台在内的各类平台的技术开发与运营的系统状况进行了长期观察与追踪，关注平台运行中的技术平台、开发人员、平台运营人员与政策监管、ICT 基础设施、用户群体之间的互动与变化，通过这种长时段的观察与追踪，建立起了对平台技术开发与运营的演进状况的初步了解。其次，我们在 2016 年以后着重关注新闻聚

---

① KITTLER F. Draculas Vermächtnis: Technische Schriften [M]. Leipzig: Reclam, 1993: 57.
② 海德格尔. 演讲与论文集 [M]. 孙周兴，译. 北京：生活·读书·新知三联书店，2005：37.

合类平台（如头条）、大型融媒体平台（包括光明网、人民网、凤凰网、澎湃等复合在线媒介平台）等新闻资讯平台，以及微信公众号、短视频平台的智能推送系统等重要智能技术系统的开发与运营状况，对企业技术开发人员、运营人员、用户群体进行了包括深度访谈、非参与式观察等多重方式在内的调查，以深入了解智能技术平台的开发与运营的基本状况，以及这些媒介技术平台与用户、监管机构、媒体机构、第三方劳务机构和外包机构之间的互动关系。最后，在上述前两项工作的基础上，对门户网站、社交网络到智能媒体的发展过程进行复原和追踪，随后采用数字诠释学而非单纯的数据分析方法对所获得的量化和质化数据进行整体性诠释。

二、人与物：智能媒体平台的媒介网络

从媒介网络的角度来看，智能算法平台是基特勒所称的"计算机科学"在互联网时代的升级版本。在"计算机科学"阶段，冯·诺伊曼（John von Neumann）构架意义上的寄存器、总线和随机访问储存器（RAM）构成了一个循环的反馈回路。"在结构上，存储在寄存器中的比特（bits）执行逻辑操作和算术运算，多条总线传送命令、数据和地址，而随机访问存储器（RAM）则为命令、地址和数据提供存储场所。"[①] 命令、地址和数据是媒介网络的基础本体论特征处理、传输和存储在计算机科学时代的体现。在这个意义上，智能媒体网络平台实际上是一种经由互联网而扩大了的计算机体系。平台计算系统形成了复杂的、软件和硬件相互嵌合的技术物质体系。[②] 经典的平台计算系统构架包括接入与界面（access and interface）、处

---

① KITTLER F. Towards an ontology of media [J]. Theory, culture & society, 2009, 26 (2-3): 23-31.

② COTÉ M. Data motility: The materiality of big social data [J]. Cultural studies review, 2014, 20 (1): 121-149.

理引擎（process engine）、存储系统和资源虚拟化系统（resource virtualiza-
tion）四个层次。对于大型平台来说，每个层次都涉及数量庞大的计算机/
服务器群组。例如最早推出这种大型智能平台构架的谷歌，其在全球各地
21 个数据中心的服务器群组所安放的服务器数量虽然一直没有明确的正
式数据，但是一般都估计已达到 200 万台以上。国内大型智能媒体平台虽
然在计算数量级上无法与谷歌相比，但是复杂程度却远超 Web1.0 和 Web
2.0 时代的各类网站。例如，新浪微博在 2012 年的服务器数量就已经超
过了 1 000 台（访谈 Z1[①]），而当下头条平台的服务器也远远超过了 5 万
台（访谈 Z3）。然而，这些复杂的体系并没有脱离基特勒所提出的"在硅
晶体物理学和冯・诺伊曼架构的双重条件下"[②] 的计算机体系，大型平台
的运行基础仍然是基于地址、命令和数据的"寻址、处理和存储"的媒介
网络[③]。

　　智能媒体平台最大的变化在于，在处理、传输和存储的三个环节都增
加了人工智能。[④] 就当下阶段来说，人工智能主要通过"深度神经网络"
（deep neural networks）的多层次建模来实现"深度机器学习"（deep ma-
chine learning），从而实现具有一定智能的自动化处理，例如新闻智能生产
与分发、人脸识别、图像识别、智能导航和设计自动优化等。这种构架以
简化的方式描述，相当于在存储部分加入"数据智能化管理"的并行系统
（例如常见的 Hadoop HDFS，HBase 数据管理系统），在处理部分加入适配

---

①　6 位访谈对象（即 Z1 至 Z6）的基本信息见第三章表 3 - 1。以下不再一一标注。

②　KITTLER F. Towards an ontology of media [J]. Theory, culture & society, 2009, 26（2 - 3）:
23 - 31.

③　KITTLER F. Draculas Vermächtnis: Technische Schriften [M]. Leipzig: Reclam, 1993:
41.

④　虽然基特勒曾经认为"在人工智能之前，媒体所有的魔力都已经消失，回归基础"，然而，
在后来他明显修正了这一点（详见 KITTLER F. Towards an ontology of media [J]. Theory, cul-
ture & society, 2009, 26（2 - 3）: 23 - 31）。

智能"计算框架"的并行系统（例如 Map Reduce，Spark，Spark Stream 等），以及在传输部分加入"智能挖掘与分发"系统（例如 DeepMind，GraphX 等）。从总体上来看，当下的智能媒体平台依然延续了技术媒介网络的总体特征。

从媒介网络视角来审视智能媒体平台，还可以发现智能媒体平台的另一个重要特征，即人或者人工在这个网络中与媒介物质性平台中所形成的网络关系。由于目前广泛应用的人工智能仍然是面向特定应用场景的"弱人工智能"（artificial narrow intelligence，ANI））而非具有类似人类智能的"强人工智能"或者"通用人工智能"（artificial general intelligence，AGI），因而，在很大程度上，当下智能媒体平台人工智能开发的应用需要大量的"人工"参与和干预。例如，中国科学院自动化研究所的谭铁牛按照人工智能开发的简化过程，提出需要"人工设计深度神经网络模型、人工设定应用场景、人工采集和标注大量训练数据、用户需要人工适配智能系统"[①]。因此，人工在当下智能平台的新闻生产中仍然发挥着重要作用。

在人工干预的诸多环境中，人工采集和数据标注是相对最受关注的人工干预环节。从 2018 年开始，人工智能背后的"隐形工作"开始浮出水面[②]，受到媒体和公众的较多关注。其中，数据标注工作由于工作时间长、任务单调、媒体报道较多而备受关注。由于当下主流的人工智能开发工具"深度神经网络"需要在建立神经网络模型之后，通过大量输入详细标注后的标准数据来进行"学习"，才能建立处理未标注的同类数据的"智能"能

---

① 谭铁牛.人工智能的创新发展与社会影响［J］.中国人大，2019（3）：36-43.

② 格雷，苏里.销声匿迹：数字化工作的真正未来［M］.左安浦，译.上海：上海人民出版社，2020；陈劲.人工智能背后的人工：教会机器人学习工作，然后被机器人取代？［J］.南方人物周刊，2019（5）：36-43.

力，因此数据标注工作对于当下的人工智能来说必不可少。例如，2016 年击败世界围棋冠军、韩国棋手李世石的人工智能机器人"阿尔法围棋"（AlphaGo，又译作阿尔法狗），是谷歌旗下的深度思维（DeepMind）公司基于深度神经网络制造的围棋机器人。在建立模型之后，深度思维团队根据现存围棋图谱输入超过 3 000 万步的棋谱走法（等同于标注后的标准数据）来训练模型，并且在这个过程中进行了多次调校，最后才在 2016 年形成具有高度智能棋力的人工智能。

然而，阿尔法围棋的输入数据是非常标准化的棋谱数据，总体上省去了非常繁琐的"标注"工作。但是，对于需要文字、图像和视频处理的早期深度神经网络模型来说，大量的数据标注不可避免。在当下，数据标注已经成为一个规模较大的行业，出现了大量的数据标注公司，甚至已经有百度众测、京东众智、阿里众包等和数据标注有关的众包平台，一些资源网站如 Github 也有很多标注好的文字、图像和视频处理的通用数据集可以通过免费下载或者付费获取的方式来获得。不过，如果一个人工智能产品想要获得超出同类产品的智能化程度，那么额外附加的标注必不可少。对于头条等早期智能媒体的开拓者来说，绝大多数的数据标注都需要自己或者通过外包服务的方式来完成。

以兼含图片与视频、以文字为主的新闻文章为例，数据标注的典型流程包括数据搜集（用网络爬虫爬取或者用新闻文章数据库获取）、数据清洗（去除不必要信息以符合信息格式要求）、数据标注（按照要求对文章内容进行标注）、汇总成数据集等步骤。每一个步骤都涉及大量的人工工作，但是其中数据标注步骤对人工依赖最重。典型的标注工作包括标注能够体现文章内容的关键词、关键词的类属以及从上下文理解这些关键词的准确意思，对于图片和视频则至少需要标注图片和视频的主要内容的关键词。按照具体需要，标注工作还可能更加细节化，比如为了方便算法对文章进行情感分析和判断，标注时需要对依据文章的上下文、涉及情感和价值判断的关键词进行情感赋值标注、语义差异标注等额外标注。精细化的图片标注需要对图片内容仔细分区标注，最细致的视频标注甚至需要一帧帧标注视频内容的细节特征。同时，为了提高准确性，每一篇需要被标注的文章最好能被不同的数据标注员重复标注以形成对照。对于头条这样的新闻与信息聚合网站来说，大多数的信息要么来源于合作的新闻媒体，要么来自媒体的用户自产信息。相对来说，数据搜集的难度不高，但是其他的流程步骤则不能省略，甚至因为追求更高的算法智能，头条的数据标注要求比很多其他平台要精细很多。

由于标注工作需要高度的分析和判断能力，因此目前虽然很多数据标注公司或者智能媒体平台已经开发出具有一定智能的自动数据标注工具，但是总体上这个行业仍然非常依赖人工介入。同时，标注工作也是持续的。以头条等新闻信息平台为例，为了优化算法、应对层出不穷的新语汇和旧词新用等状况、适应新政策和新法规等，平台需要持续对大量的图文进行标注。一位前头条计算工程师在2018年的访谈中提到：

> 我去头条的时候（2014年），算法（已经）修改过很多轮了。因为每一次大一点的修改都会调整算法的很多方面，修改以后，一些以前不是很重要的方面就变得重要了，所以每次修改都会加入很多新的标注数据……有一段时间我们要提高图片识别的问题，于是找了外包公司重新标注了很多图片，我们小组在这上面前前后后花了快有半年的时间，最后效果还算可以……我走之前（2018年年初），算法已经比较稳定，但是（数据标注）工作量还是很大。要提高算法的准确性，标注其实是越来越多的。（Z3）

除了与数据标注有关的庞大工作之外，智能媒体平台还有大量的其他隐形工作，例如人工内容审查工作。由于大量的自媒体生产内容（如头条号内容）进入平台并且引发了强化监管的政策性要求，从 2018 年年初开始，头条开始组建人工团队对内容的真实性、合规性进行核查。当时，头条每天新增发布 50 万条内容。面对如此庞大的信息量，人工审核的效率难以跟上，每天 50 万条内容全部交由人工来筛查的话，一个人需要工作 500 天才能看完，而机器则只需要 90 分钟。但若全部交由机器，边界就会成为另一个棘手的问题。头条因此采用"人工审核＋技术识别"的方式来完成这个工作：先由人工智能进行审核，人工智能不能判定的内容则交由人工审核。这个过程可以完成 80％以上的内容审核工作。而人工智能筛选出来的内容、举报邮箱中的待处理内容、重点关注内容的审核，则交由人工审查员手动审查处理。

在手动审查部分，头条建立了一套数据分析系统对审核人员进行分配协作，其机制与内容分析研究中的编码员间信度检测极其类似：两个审核人员"背对背"审核，如果操作不一致，进入质检，由资历更加深厚的团队判断结果；对于重点文章，则严格落实双审制度，只有两审操作结果一致才生效。由于这种设置，人工审查的工作量变得非常大，伴随着头条信源的日益复杂化以及每日新增信息数量的急剧增加，审核人员团队人数也在急剧上升。[①] 截至 2019 年年底，头条的母公司——字节跳动内部就已经拥有一个超过 10 000 人的庞大的内容审核团队。[②]

---

① 截至 2019 年 12 月，头条号账号总数已超过 180 万，平均每天发布 60 万条内容。与此同时，头条的社交产品"微头条"每天信息发布量近 1 000 万，产生的互动数量超过 2 000 万。资料来源：头条简介，网络链接：https://www.toutiao.com/about/。

② 包括头条北京总部及各地区分部的审核人员。作为对照，当时头条的工程师共有约 4 000 人。数据来自访谈。

这种隐形工作的巨大体量以及其中劳动的不平等性令人关注。然而，如果换一种视角对这种隐形工作状况做仔细考察，至少会发现另外两个相关的问题。第一，如果从媒介网络的角度来看，人工审查员的和数据标注员的隐形工作，它们在媒介网络中的结构性位置，与纸媒时代的审查员、排版和校对人员的工作颇有相似之处。甚至，在纸媒和广播电视时代，媒介网络由于其具有更强的分散性、多元性和基数大的特征，使得审查、排版和校对等"隐形"工作人员的数量未必少于看起来数量庞大的智能媒介网络的隐形工作人员数量。只是在具体的工作组织形态上，智能媒体平台的隐形工作更加具有分散性、不稳定（precarity）的特征。从这个角度来说，智能媒体平台自然具有鲜明的数字时代的特性，然而其仍然共享了媒介网络的结构性特征。第二，审查员审核的是来自各大信源平台以及头条号等自媒体的内容，这将之前一个受忽视的问题再次放到人们的审视目光之下：头条这样的新闻与信息聚合网站仍是一个媒介网络。正如基特勒所说的"被称为书的存储媒介的存储媒介"的"图书馆"一般，头条并不生产新闻和信息，它只是将其他合作信源和自媒体的新闻与信息聚合起来进行推送。然而，它的合作者和自媒体用户的媒介内容生产同样是在媒介网络中进行的。这种审视同样也适用于数据标注。这种审视得出的结果是，对于智能媒体平台来说，其他合作媒介信源、进行用户内容生产的自媒体用户以及各种隐形工作的从业者，构成一个庞大的次级网络，在这个次级网络中，人与物构成了相互关联的网络主体，围绕着智能媒体平台而运作。

三、平台的"永存"与人的主体消融

相比起数据标注，深度神经网络模型的设计与开发、人工智能应用场景的适配，常常被认为是人类主体性体现最为完整的领域：作为主体的人类和作为客体的程序模型，两者之间的关系体现的是主客体之间的关系。从这种观点出发，许多论者试图表明作为人类智力的产物，算法模型、人工智能、智能媒体平台体现的是人的意志；因而，对智能媒体的治理，从严格意义上来说即是要从人的主体性出发，重新审视算法模型、人工智能和智能媒体平台的价值取向，以弱化甚至避免媒介技术对人产生的宰制效应，进而构建更加公平、普惠的智能媒体平台。

　　然而，如果从媒介网络的视野来看，人在媒介系统中从来都处于一种双重的位置：就微观工作层面而言，无论是个人还是群体都对自己的工作具有相当程度的掌控性；就整个媒介网络层面而言，无论是个体还是群体都成为媒介网络系统的一部分，或者成为多重媒介网络组成的媒介系统的一部分，从而被整个媒介网络运转逻辑和技术媒介的演进逻辑所影响。就此研究中主要关注的智能新闻媒体的演进历程来看，可以清晰地观察到这种双重性。

　　基于互联网的媒介技术的升级换代推动着新闻与资讯平台的升级换代。在这个过程中，技术已经体现出了一定的自主性，依照自身的发展逻辑进行代际更迭，并且在很大程度上改写了平台运营的规则。媒介技术对于新闻生产过程的介入越来越深，智能化程度越来越高，在内容生产与呈现层面，平台内部的人力资源投入越来越少。然而，随着互联网技术对于平台运营介入的加深，技术开发人员的投入占比则在不断上升。到了智能平台阶段，人工已经在一定程度上成为基于互联网技术的人工智能技术的辅助。但是，智能媒体平台的媒介网络特征并没有改变，媒介网络将人与算法融合到整个智能媒体平台中，无论是人还是算法模型，都是为了整个新闻生产的智能技术系统的有序运行而关联在一起。前述头条的运营人员对此评论道：

> 这个公司就是因为这个平台、这套算法存在的。如果这套算法没有了，或者在市场上没有优势了，头条也就不是现在的头条了。所以大家所有的努力就是维护好这套算法，让这个平台在市场上不要掉下去。（Z5）

从这个角度来看，智能媒体平台的确在一定程度上可以被看做一种融合了艾吕尔-温纳的技术自主性和芒福德的"巨机器"理论的、依照技术逻辑自我推动发展的智能媒体"巨机器"。技术和运营人员、平台的软硬件构架、外包服务机构等所有的运作都在为平台和算法的"永存"而努力。这种状况回应了前文所说的"双重性"：在智能媒介网络中，一方面，人在微观层面仍然具有强大的工作掌控力，例如，可以进一步提升算法推送的准确性、加快算法的相应速度以及在移动终端 App 上推出更多的功能；但在另一方面，在这个智能媒介网络体系中的所有人和物，都在为以算法为核心的智能媒介网络的"永存"而努力。因而，认为算法工程师或者其他的"人"才是智能媒体平台的掌控者，可能在一定程度上忽视了媒介技术自主逻辑的"技术律令"和"反向适应"① 所带来的限制性。

第四节　双重的人与关系主体的重建

智能技术在很大程度上重塑了新闻业的基本途径，从而对一般意义上的社会结构、社会权力构架和利益分享分配机制产生重大冲击。如果从媒

---

① 温纳．自主性技术：作为政治思想主题的失控技术［M］．杨海燕，译．北京：北京大学出版社，2014：193－214．

介网络的视角来仔细观察智能新闻聚合网站的微观生产，可以看出从 Web 1.0 时代的页面新闻到当下智能技术主导的新闻聚合平台，"人"在媒介网络中的位置正在发生系统的迁移：在新闻与资讯生产层面，人和人工正在渐渐脱离核心位置。虽然出于政策监管要求，大量的网络内容审查人员重回"把关"位置，然而与内容信息的庞大数量、整个媒介网络的巨大体量相比，在内容层面的"人"的重要性还是在急速降低；但在媒介技术层面，人的投入量则大为增加。然而，这种迁移无论方向如何，都并未改变一个基本的事实：在智能媒介网络中所有的人和物，都在为以算法为核心的智能媒介网络的"永存"而服务。换句话说，**智能媒介网络也共享了媒介本体论的基本特征**：具有自主性的媒介主体。

但是，通过将智能技术与大众传播时期的媒介实践经验进行对比来讨论重新伸张人类主体性、时刻"以人为本"的观点可能会面临众多的困难。如果从基特勒的媒介网络视角进行分析，人的绝对主体地位如果不是从来都未曾存在的话，那么至少在机械媒体时代就已经大部分消融[①]，而尼尔·波兹曼[②]、西奥多·阿多诺及马克斯·霍克海默的《启蒙辩证法》[③] 等数以百计的研究则对大众传播对人类主体的支配性进行了严厉的批判。人们对于新技术的恐慌也并非从智能技术的大规模应用才开始，而是一种重复出现的历史境况。在技术媒介通过自主性增长把人变成技术媒介网络"配件"的情况下，人一直处于一种双重的位置：就微观工作层面，无论是个人还是群体都对自己的工作具有相当程度的掌控性；然而，就整个媒介网络层面而言，无论是个体还是群体，都或者成为媒介网络系统的一部分，或者

---

① KITTLER F. Draculas Vermächtnis：Technische Schriften［M］. Leipzig：Reclam，1993：1-57.

② 波兹曼. 娱乐至死［M］. 章艳，译. 北京：中信出版社，2015.

③ 霍克海默，阿多诺. 启蒙辩证法：哲学断片［M］. 渠敬东，曹卫东，译. 上海：上海人民出版社，2003.

成为多重媒介网络组成的媒介系统的一部分，从而被整个媒介网络运转逻辑和技术媒介的演进逻辑所影响。

基特勒晚年的关注重点从技术媒介转移到前技术媒介的"文化技艺"上。文化技艺在德国媒介研究尤其是媒介考古学领域具有广泛的扩展性、多义性和模糊性，基特勒本人也没有直接进行界定。然而，他在早期的《话语网络 1800/1900》（*Aufschreibesysteme 1800/1900*）的"1800"部分以及晚期的古希腊研究中可能呈现出一种共同的关注：对能够形成群体性差异、具有"培育性"的文化操作和实践保持紧密的关注。在这些操作实践中，操作实践本身以更加贴近身体体验的方式，培育一种区分性的技艺，这种区分性技艺贴合个人但更加关乎群体，但却并不要求一种超大范围甚至全球意义上的同一性和垄断性。例如，在《音乐与数学（一）》（*Musik und Mathematik I*）① 中基特勒提到古希腊的字母表和它的变体能够标记语言、数字、音乐记谱，它构成了一种关系性的技艺网络，连接了个体、群体的多重文化实践。这些技艺很明显很难被看做一种"以人为本"的操作。与此相反，智能媒体平台目前被广泛质疑的"个体定制化信息生产和推送"，在一开始反而被技术乐观主义者更多地看做一种具有"以人为本"、符合人类价值观的智能化媒介实践。在智能媒体平台微观生产与社会后果两大层面都越来越体现出支配性的情况下，重提文化技艺并非要退回到非媒介技术的时代（这既不可能也不必要），也并非要在主体-客体的二分思维下，重新伸张作为主体的人对于作为客体的智能媒体的掌控。其探讨的方向之一，可能在于要在网络关系本体论的视野下，一方面承认技术媒介的强大自主性，另一方面思考智能技术和平台如何能够生成可以连接个体、群体且形成群体性差异以及特定文化的操作和实践。

---

① KITTLER F. Musik und Mathematik I：Hellas 1：Aphrodite [M] //Musik und Mathematik I. Paderborn：Brill Fink，2005.

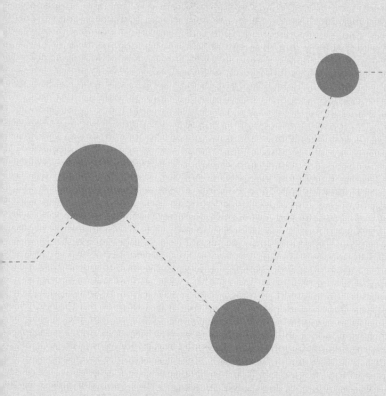

第三章

智能新闻生产：
人与技术的协同运作

● 智能新闻生产与传统的新闻生产最大的不同是，算法不再仅以工具的属性，而是以主体的姿态参与其中……新闻从业者和算法技术以彼此可以理解的方式进行互动和合作，共同塑造了智能新闻生产的底层逻辑。

● 从新闻生产实践的流程来看，人与算法不是静态的、机械的结合，而是一种彼此不断适应、相互调整、共同发展的互动关系，两者为了新闻生产更高效、更符合预期而共同努力。

算法已经深度参与到了智能时代的新闻生产与传播中。

第二章的内容探讨了人与技术之间的关系，清晰地呈现了宏观新闻生产中人与技术是如何共同参与其中并且构成媒介网络的，并且认为人与技术只有共同发挥作用，技术系统本身才能正常运转。

既然人类与机器、技术与文明之间无法进行简单的二分，那么二者协同运作的机制是什么？人类发明了技术，而技术仅仅只是人的外化吗？为了回答这些问题，在这一章，我们聚焦于算法本身的运作逻辑，结合"器官学"的相关理论和维纳的控制论学说，融合参与智能新闻生产实践的工作者的视角，借助扎根理论的方法来进一步考察技术是如何"嵌入"**微观**的新闻生产流程中，具体考察人与技术是如何协同运作的，在新闻价值的判断、内容的选取与分发的过程中，人与算法的互动又是如何构建出当下新闻价值的内涵的，并从后人类的角度来理解人机融合、人与技术共生的机制。

第一节　新闻生产中人与技术关系的追问

以算法为代表的数字技术不仅全面参与到新闻生产的各个环节中，逐渐改变着传统新闻生产的流程，催生出自动化新闻、算法新闻等新概念，还下沉到新闻生产的底层逻辑，并倒逼"人"适应其参与形成的新闻生产格局①。由此，新闻生产迎来了"算法转向"②，引起学者的广泛关注。如，

---

① JAMIL S. Artificial intelligence and journalistic practice：the crossroads of obstacles and opportunities for the Pakistani journalists［J］. Journalism practice，2021，15（10）：1400 - 1422；THURMAN N，DÖRR K，KUNERT J. When reporters get hands-on with robo-writing：professionals consider automated journalism's capabilities and consequences［J］. Digital journalism，2017，5（10）：1240 - 1259.

② NAPOLI P M. The algorithm as institution：toward a theoretical framework for automated media production and consumption［J］. Fordham university schools of business research paper，2013.

何瑛和胡翼青探究了个体的主观能动意识和选择①；许向东和郭萌萌研究了新闻工作者价值观念在技术入侵、平台转型等一系列冲击下的动摇和嬗变②；也有学者关注到区块链、虚拟现实、人工智能等新技术对新闻内容展演、新闻获取方式的重塑过程等问题③。

虽然新闻生产中人和算法技术的关系一直是学界讨论的焦点，但长期以来，并无定论。数字新闻与传统新闻的边界进一步明晰，二者的本质区别不仅在于是否"数字化"，更在于算法机制④对新闻生产流程和底层逻辑的改变。目前，关于算法深入新闻生产实践的研究主要有两类：

第一类是对算法改变新闻生产实践的客观描摹，以及对比传统新闻采编模式中记者的工作方式，陈述算法为新闻生产流程增添和改变的部分。人是新闻作品的生产者，是新闻作品最终的使用者⑤，算法一方面作为工具改变了人的工作流程，另一方面则作为生产生活的新规则，以相对独立的姿态参与并影响了新闻生产。在传统新闻采编模式中，记者"发现新闻"、确定"何为新闻""是否刊发"等环节主要取决于他自己的经验和判断，其主观性较强，所谓的受众视角也来自"想象的受众"⑥。而算法可以从各公共平台实时监测话题流动，辅助记者抓取公众热点，为决策流程提供可靠

---

① 何瑛，胡翼青. 从"编辑部生产"到"中央厨房"：当代新闻生产的再思考 [J]. 新闻记者，2017 (8)：28 – 35.

② 许向东，郭萌萌. 智媒时代的新闻生产：自动化新闻的实践与思考 [J]. 国际新闻界，2017 (5)：29 – 41.

③ 常江，杨奇光. 重构叙事：虚拟现实技术对传统新闻生产的影响 [J]. 新闻记者，2016 (9)：29 – 38；郭恩强，梁杰兵. 区块链对新闻生产的重构：以"透明性"为中心的研究 [J]. 新闻大学，2019 (2)：33 – 42，118 – 119.

④ DALGALI A, CROWSTON K. Algorithmic journalism and its impacts on work [C] //C＋J 2020 Symposium. 2021.

⑤ 李海玉. 机器人新闻：技术自主性对人主体性的强化 [J]. 新闻研究导刊，2019，10 (9)：234 – 235，238.

⑥ 张超，钟新. 从比特到人工智能：数字新闻生产的算法转向 [J]. 编辑之友，2017 (11)：61 – 66.

的事实性数据。同时，算法的全天候信息采集打破了传统新闻媒体的采写时间观，"24 小时制"全天候滚动新闻热点信息平台随之出现，新闻信息的采集从被动转向主动。① 此外，新闻从业者不可避免地与算法进行合作，在一定程度上受制于数字技术的限制，并影响新闻从业者的自我价值认同。②

　　第二类研究认为，作为人类改造客观世界的有效工具，算法不仅携带固有的工具理性，还因其使用场域本身具有的意识形态属性而拥有价值导向性。物质性的技术载体突破了由信息承载的价值传播的时空限制，实现了价值从传播到强化，进而形成价值主流反哺社会意识领域。③ 算法逻辑则越来越显示了一种"二律背反"的矛盾，即一方面，"算法"以其"大数据""专业化"的优势改变着公共数据分析和新闻信息生产、分发、反馈的传统逻辑，解放了人的传播需求和消费天性；但另一方面，它又以强势的"物性"特征，让新闻生产环节中"人的把关"逐渐旁落为"物的把关"，对传播场域中的人进行着"降维"处理，取代了新闻工作者发现新闻、探索新闻的工作，限制了新闻工作者的创造力和丰富性，将新闻中本应当探索、讨论的"问题"降维成简单的、仅需呈现的"答案"。针对这一话题，学者们呈现出不同的态度。

　　乐观主义者认为，以人工智能为代表的机器人新闻写作相比于传统记者新闻写作而言，有着信息处理效率高、持续工作时间长、制作内容更为

---

① 王国鹏. 大数据时代媒介生产方式和传播机制的变革研究［D/OL］. 济南：山东大学，2014［2023 - 2 - 17］. https：//kns. cnki. net/KCMS/detail/detail. aspx? dbname＝CMFD201402&filename＝1014307470. nh.

② BOYLES J L，MEISINGER J. Automation and adaptation：reshaping journalistic labor in the newsroom library［J］. Convergence，2020，26（1）：178 - 192；JAMIL S. Ethnic news media in the digital age：the impact of technological convergence in reshaping journalists' practices in Pakistan［J］. Journal of multicultural discourses，2020，15（2）：219 - 239.

③ 陈思. 算法治理：智能社会技术异化的风险及应对［J］. 湖北大学学报（哲学社会科学版），2020，47（1）：158 - 165；RYDENFELT H. Transforming media agency? approaches to automation in Finnish legacy media［J］. New media & society，2022，24（12）：2598 - 2613.

精确等优势。尽管这种变化可能会引起道德和社会问题，但是这也会凸显和增强人类记者的不可替代性技能，即对新闻的判断力、好奇心和怀疑精神。[①] 同时，在新闻编辑室中，也有记者认为传统技能，如写作和采访，比数字技术对他们的工作更加重要。[②]

悲观主义者表达了不同程度的隐忧。一方面，尽管算法的深度介入对于新闻业的发展产生了许多积极影响，但这会对当下的新闻从业者产生"威胁"，其部分工作将被自动化技术所取代。[③] 即使技术无法取代人的创新性工作，但是在现实生活中，由技术所引发的人需要承担额外的工作职责如对内容搜集和分发、筛选和审查等，导致人们几乎"没有时间进行创造性的努力"[④]。另一方面，算法让部分新闻产品的生产变成真正在"黑箱"中进行的流程，新闻生产变为失去创造性的机械循环工作，这大大降低了新闻固有的价值，而置于算法内的事实核查也因算法本身的"黑箱"属性而更加困难重重。[⑤] 同时，算法对新闻工作者的影响不仅体现在对客观新闻采编流程的改变和控制上，也体现在新闻生产的价值转移等意识形态层面。算法自带的意识形态对作为意识形态的新闻职业认同造成了巨大冲击。作为意识形态的新闻职业和技术发展带来的变动频繁的新闻业的物质现实（material realities）之间的矛盾长期存在、难以调和。[⑥]

① THURMAN N, LEWIS S C, KUNERT J. Algorithms, automation, and news [J]. Digital journalism, 2019, 7 (8): 980-992.

② MIN S J, FINK K. Keeping up with the technologies: distressed journalistic labor in the pursuit of "shiny" technologies [J]. Journalism studies, 2021, 22 (14): 1987-2004.

③ KOTENIDIS E, VEGLIS A. Algorithmic journalism: current applications and future perspectives [J]. Journalism and media, 2021, 2 (2): 244-257.

④ HIGGINS-DOBNEY C L. News work: the impact of corporate-implemented technology on local television newsroom labor [J]. Journalism practice, 2021, 15 (8): 1054-1071.

⑤ 仇筠茜，陈昌凤. 黑箱：人工智能技术与新闻生产格局嬗变 [J]. 新闻界, 2018 (1): 28-34.

⑥ 常江. 身份重塑：数字时代的新闻从业者职业认同 [J]. 编辑之友, 2019 (4): 91-97.

中立者则认为，从技术发展的角度来看，能被自动化的工作终将被自动化[1]，尽管算法技术"抢占"了人的部分工作，但是自动化的"最后一公里悖论"始终存在，即以减少人类工作量为目的的新技术的发明总会产生新的需要人工的工作[2]，在表面看起来高度自动化的新闻生产背后，存在大量"打标签的人"[3]。尤其是当前仍处于弱人工智能时代，算法很少能够在完全自主的水平上运作，在这种前提下，人应该正视算法的影响，以寻求更好地与算法合作的方式，以充分发挥人和算法的价值。[4] 从社会层面来看，"由于社会中的人没有道德等参照点来判断和批判技术，于是一切都没有本质的意义，只有技术应用才能为它赋予意义，于是，技术成了它们自己的合法性"[5]。也就是说，算法技术的目的在于呈现而非因果，在于工具而不在于价值。同时，一些学者认为虽然当下新闻业的某些问题看起来是由技术导致的，但实际上政治和商业等逻辑仍是其发展的主要推动力。[6] 新闻生产的智能化也不仅仅是技术问题，更是深刻的社会、文化、政治和经济问题。[7]

以上论述反映出学者对新闻生产中人与技术之间关系的看法不同，也

① VAN D A. The algorithms behind the headlines：how machine-written news redefines the core skills of human journalists [J]. Journalism practice，2012，6（5-6）：648-658.

② GRAY M L，SURI S. Ghost work：how to stop Silicon Valley from building a new global underclass [M]. Eamon Dolan Books，2019.

③ 甲子光年."数据折叠"：今天，那些人工智能背后"标数据的人"正在回家 [EB/OL].（2018-02-15）[2023-02-17]. http：//www. myzaker. com/article/5a84b640d1f1499e780000a2/.

④ DIAKOPOULOS N. Towards a design orientation on algorithms and automation in news production [J]. Digital journalism，2019，7（8）：1180-1184；GUZMAN A L，LEWIS S C. Artificial intelligence and communication：a human-machine communication research agenda [J]. New media & society，2020，22（1）：70-86.

⑤ 盛国荣. 技术的道德化：现代技术问题的后现代解决之道：齐格蒙特·鲍曼技术哲学思想研究 [J]. 自然辩证法研究，2009，25（11）：56-62.

⑥ SLAČEK B S，SMRKE J，VOBIČ I. Engineering technologies for journalism in the digital age：a case study [J]. Digital journalism，2017，5（8）：1025-1043.

⑦ BUCHER T. Machines don't have instincts：articulating the computational in journalism [J]. New media & society，2017，19（6）：918-933.

彰显出其所持有的本体论观点的不同。技术自主论指出，技术追求自身的目标并用自身的逻辑来发展。技术的自主性导致人类的自主性和控制权的丧失。技术已经作为一种独立的力量参与和维持着新闻行业的运转，近年来被大力吹捧的"全媒体记者""中央厨房"等名词，背后也是对技术的青睐和崇拜，以至于技术的发展在某种程度上代表了行业的发展，而"名记者"在这个时代仿佛再难崭露头角。记者的任务是"为机器写作"，他们需要将非结构化的信息转化为机器可理解的结构化数据，以实现新闻的自动化生产①，还要遵守系统的特定限制，包括生产出的新闻的标题字数、格式和字体等②。由此，人日益束缚于机器逻辑的统摄下，以致天性被折叠。③当人在传播技术的影响下越来越呈现出"设备范式"的特征时，技术的"物性"得以张扬，而人的主体性特征被遮蔽。④

从本质上看，不断革新的媒介技术仅仅具有工具属性，而人是唯一的主体。一方面，在学理上，经典的传播学研究暗含着以人为中心的本体论界限和理论假设基础，它们把人定义为传播者、把相关技术定义为媒介。⑤在此背景之下，传播等同于人类传播⑥，技术处于从属地位。另一方面，在"人-机"共同主体结构的新闻生产传播中，部分学者认为，人依然是

① JONES R, JONES B. Atomising the news: the in flexibility of structured journalism [J]. Digital journalism, 2019, 7 (8): 1157 - 1179.

② ANDERSON C W. Apostles of certainty: data journalism and the politics of doubt [M]. New York: Oxford University Press, 2018; CARLSON M. Automating judgment? Algorithmic judgment, news knowledge, and journalistic professionalism [J]. New media & society, 2018, 20 (5): 1755 - 1772.

③ 黄雪莹. 从"工具理性"到"人的主体性"[D/OL]. 武汉: 华中师范大学, 2019 [2023 - 02 - 17]. DOI: 10.27159/d.cnki.ghzsu.2019.001035.

④ 顾世春, 文成伟. 物的沦丧与拯救: 鲍尔格曼设备范式与焦点物思想探析 [J]. 东北大学学报 (社会科学版), 2011, 13 (5): 394 - 397.

⑤ ROGERS E M. A history of communication study: a biographical approach [M]. New York: Free Press, 1994.

⑥ GUZMAN A L. Human-machine communication: rethinking communication, technology, and ourselves [M]. Bern: Peter Lang Incorporated, International Academic Publishers, 2018.

唯一主体和最终目的[①]，人们对技术的主体性关注不过是"技术亢奋""技术焦虑"的体现[②]。尽管技术成为新闻生产中的热点问题，但人始终是新闻生产以及令其不断发展的主导者，技术创新是解放新闻工作者而不是使他们处于从属的地位。[③] 因此，我们应对技术祛魅以揭开其令人恐惧的面纱。

但是，如果跳出人与技术二元对立的思维，正视新闻业切实发生的变化，看到新闻生产实践、规范和新闻价值等与人工智能技术的交汇的话，便能够发现新闻生产过程中人与技术的互动与关系。[④] 虽然平台逐渐掌握了新闻生产的主导权，深刻影响了新闻业的格局，但这并不意味着人类在新闻生产过程中彻底"隐退"。"人机交流"（human-machine communication）理论主张技术不是静止的，人与技术在互动中出现的关系也不是固定的。[⑤]在传播实践的过程中，人与媒介技术密切相连，技术既可以充当中介，也可以被看做传播者。[⑥] 在第二章中我们也从宏观的角度探讨了技术需要在与人组成的网络中才能发挥作用的问题。人在微观层面的确仍具有一定掌控

---

① 杨保军，李泓江. 论算法新闻中的主体关系 [J]. 编辑之友，2019 (8)：5-11.

② 杨保军. 再论"人工智能新闻生产体"的主体性 [J]. 新闻界，2021 (8)：21-27，37.

③ MILOSAVLJEVIĆ M，VOBIČ I. Human still in the loop：editors reconsider the ideals of professional journalism through automation [J]. Digital Journalism，2019，7 (8)：1098-1116；MILOSAVLJEVIĆ M，VOBIČ I. Our task is to demystify fears：analysing newsroom management of automation in journalism [J]. Journalism，2021，22 (9)：2203-2221；RYDENFELT H. Transforming media agency? Approaches to automation in Finnish legacy media [J]. New media & society，2022，24 (12)：2598-2613.

④ 白红义. 当新闻业遇上人工智能：一个"劳动-知识-权威"的分析框架 [J]. 中国出版，2018 (19)：26-30.

⑤ LEWIS S C，GUZMAN A L，SCHMIDT T R. Automation，journalism，and human-machine communication：rethinking roles and relationships of humans and machines in news [J]. Digital journalism，2019，7 (4)：409-427.

⑥ GUZMAN A L. Making AI safe for humans：a conversation with Siri [M] //Socialbots and their friends. Abingdon：Routledge，2016：85-101；GUZMAN A L. Human-machine communication：rethinking communication，technology，and ourselves [M]. Bern：Peter Lang Incorporated，International Academic Publishers，2018.

力，但其实处在其中的所有人和物，都在为媒介网络的"永存"而努力。这类讨论隐含着以人和技术之间的关系为本体论的观点——网络关系本体论，其强调人与技术的互动只有在这种互动的过程中，两者的主体性才能得以体现，这为我们思考新闻生产及相关问题提供了一个新的视角。

第二节　器官学：理解人与技术的融合

如上文所说，如果将人与技术放在一个"共在"的视角去考量的话，那么又该如何理解二者之间交织不断的互动关系呢？自工业革命以来，人类与机器、文化与技术是否对立，以及二者又如何融合的问题便是哲学领域的经典议题。众多的研究将机器与人的器官做类比，众多器官就如机器的部件，组合在一起就能形成机器的整体运动。达尔文在《物种起源》中分析器官的演变史时便将机器的发明史与之做类比，并认为"器官"是生物与技术建立类比的焦点[①]，并且在对技术发展的观察中谈及动植物的生活中作为生产工具的动植物器官是如何形成的。勒内·笛卡尔（Rene Descartes）的"机械论"也认为，在人造的技术物中数量众多的机械构建所组成的机器能够自行运动，所以上帝制造的机器（人和动物的躯体）和机器一样也能够自行运动。[②] 这便意味着，任何动物的躯体都是由无数个部分组成，每个部分分别承担不同功能并通过机械作用进行沟通。但其中的问题也非常明显，假如人和动物都能够拆分成不同的部件，就像解剖学那样从局部来理解器官功能的话，是无法估计由部件组

① 胡翌霖. 技术作为人的器官：重建技术进化论 [J]. 自然辩证法研究，2021，37（2）：26 - 31.

② 笛卡尔文集 [M]. 北京：中国戏剧出版社，2008：39 - 41.

成的有机整体如何进行组合，又是如何运作的。

　　人与机器在工厂进行生产时，又是如何协同劳作的？对此马克思提出了技术与劳动的辩证法，阐明在机器大生产中人与技术互相改变、彼此适应的过程。他在考察了工业化大生产中劳动工具是如何由工具转变为机器的之后，认为人与机器被组织成一个有机系统，这种"新的技术"对传统技艺和手工业生产造成冲击。① 作为劳动者的人的作用不仅没有区别，而且可以被替换。但是，技术也体现了"劳动者对各种工作的适应能力，从而使之最大限度地发挥各种才能"。通过器官的比喻，马克思将工具与机器在本质上进行了区别，认为人因为受到器官数量的限制，因此可以使用工具的数量是有限的（如传统纺车需要工人双手操作，因此一个工人可以操作的纺车是有限的），但是珍妮纺纱机通过将纱锭并排连接，使一个工人可以同时操作 12～18 个纱锭，使得人类的劳动摆脱了器官的限制。此时的技术，作为人的器官的延伸而拓展了劳动能力。但是，人与机器共同组成的系统里需要进行技术的统一，这样多个机器才能组成同样的器官来协同运作。

　　与马克思同时代的德国技术哲学家和地理学家、西方现代技术哲学第一人恩斯特·卡普（Ernst Kapp）也提出"器官投射说"（organ projection），认为技术在形状、结构和功能上是人的器官的投射和外化，通过投射的过程人类实现了与外部世界的融合和自我认知。② 人根据身体和器官的外形与功能在自然中创造出人造的技术物，这些技术物具备了作为有机物的器官的功能，人与自然界、有机体与无机体以及人体器官和人造机器被关联在一起，人因此也成为万事万物的尺度。③ 人造的技术物——机器作为

---

　　① 马克思．资本论：第 1 卷［M］//马克思恩格斯全集：第 44 卷．2 版．北京：人民出版社，2001：388.

　　② KAPP E. Elements of a philosophy of technology：on the evolutionary history of culture［M］．Minneapolis：University of Minnesota Press，2018：53.

　　③ 同②8.

人体的外化——是有机世界的一部分。而且需要说明的是，技术不是器官投射的产物，而是过程。器官投射的过程呈现出一种"镜像"图式，出于适应外在环境的需要，作为有机体的人无意识地在制造和使用工具的过程中将人的某些器官功能进行投射，这时人的主体意识便产生了，人也开始意识到人造技术物是一种仿生的实体，制造和使用工具（投射）的过程使得人与环境产生更好的融合。在之后的"投射回溯"环节中，人类开始形成自己的主体性，"外在事物作为人的感知对象进入人的内心，成为人的内在性"①。人通过器官的投射和回溯的过程，实现了有机世界与外在无机世界的统一，也通过器官的外化而形成内化的主体自我意识，进而又扩大为人类对外部世界的理解，并提升人类对内部世界的认知。

马克思和卡普对人与机器的分析将"器官学说"引向了有机论的思想体系中。人和机器一样都是有机体的一部分，它们可以相互协调运作，机器反过来也能够影响人的身体和劳动。在西方哲学史上，从笛卡尔、斯宾诺莎（Benedict de Spinoza）到莱布尼茨（Gottfried Wilhelm Leibniz），乃至 20 世纪的哲学思想所处的时代，都被视为"机械论"（mechanism）与"有机论"（organism）之间持续辩论的时代。笛卡尔作为机械论的典型代表，主张用机械原理来看待一切存在，包括人和动物等有机物。到 20 世纪初，生机论（vitalism）、整体论（holism）、有机论（organicism）等思想开始盛行并且大力反驳机械论的观点，直到 20 世纪 40 年代维纳的《控制论》发表之后，才消解了机械论与有机论之间的对立，将人与技术如何有机融合引入新的思考条件中。② 承袭了亨利·柏格森（Henri Bergson）的观点，

---

① KAPP E. Elements of a philosophy of technology：on the evolutionary history of culture [M]. Minneapolis：University of Minnesota Press，2018：22.

② 许煜. 许煜领读《递归与偶然》[M] //吴璟薇，毛万熙. 媒介与技术研究经典导读. 北京：中国传媒大学出版社，2022：122 - 124.

乔治·康吉莱姆（Georges Canguilhem）首次提出"一般器官学"（general organology）的概念，否定了笛卡尔将人与机器等同和对立的观点，认为二者是一个同一的整体。他回应了卡普和勒鲁瓦－古汉（Andre Leroi-Gourhan）等的主张，认为技术对象（即器官的投射）是根据器官的形态和功能而建立的，是器官的延伸和解放。① 在康吉莱姆的基础上，技术哲学家贝尔纳·斯蒂格勒（Bernard Stiegler）将器官学研究划分为身心器官、社会器官（如社会机构）和技术器官三类②，并进一步阐明三种器官系统相互交织的关系，但最终的变化都因技术器官而定，进而强调了技术对周遭的关联环境（associated milieu）的重要作用。技术时刻都在加速变迁，"在演化论中，技术与环境直接相连。演化的过程是适应（adaptation）和采纳（adoption）的辩证运动……器官学不只是对人机关系的系统研究，也应研究文化和技术如何相互作用"③。与之类似，吉尔伯特·西蒙栋（Gilbert Simondon）也通过"机器学"（mechanology）来消解工业社会以来的异化问题，以及技术与文化之对立。他所强调的"内部共振"呼应了后来在控制论中所讨论的核心问题——**反馈**，进而阐明在自动化的工业时代之后，自动化机器的关联环境取代了工具时代的关联环境，人们已经失去了为自己提供工具的能力，机器成为工具的持有者。但这并不意味着机器彻底取代了人工，人或者是为机器服务，或者是组合机器，人和技术物的关系也发生了根本变化。因此，在人与机器所构成的这样一个"座驾"（Gestell）系统中，需要通过反馈机制，通过将人与机器进行充分的关联来解决异化问题。立足于有机论思想的器官学说摒弃了传统唯物主义科学中将精神与物质对立起来

---

① 许煜. 递归与偶然［M］. 苏子滢，译. 上海：华东师范大学出版社，2020：32.

② 斯蒂格勒. 南京课程：在人类纪时代阅读马克思和恩格斯：从《德意志意识形态》到《自然辩证法》［M］. 张福公，译. 南京：南京大学出版社，2019：7-23.

③ 同①33.

的看法，"相反，它一直在找机会让精神行驶自由，而不造成灵魂的异化。技术是精神的产物"①。

西蒙栋将人与机器、技术与文化和异化的问题引向了一种控制论的解决思路，这种新的思路也结束了机械论与生机论之间长久的对立，通过信息过程的展开来进行递归形式系统的推理，从而在根本上也否定了将生物形式与机器等同起来的错误观念。从广义上来说，关于部件组织的科学——控制论，其中与部件相关的概念也可以追溯到器官学研究。② 20 世纪，随着控制论机器特别是图灵机的发明，机器不再是笛卡尔意义上的机制，也不是生物，"而是一种有机形式实现的机械存在"③，反馈能在其中形成新的人机关系。维纳在系统论中再次强调了技术的关键问题是"信息反馈"。控制论指的是在动物和机器中控制与通信的科学。从方法论上，维纳将机器与有机体这两种完全不同的对象放在同一概念体系中，用**信息、通信、控制和反馈**来阐释生命和心理现象，实现了无机与有机的统一，将构成有机体的局部作为整体来考虑。因此，从有机体的递归性特征来看，

> 有机体越成为真正的有机体，它的组织水平越不断增加，因此它成为熵不断增加、混乱不断增加、差别不断消失这个总潮流的过程，这就称为稳态。……不变的只是模式，这才是生命的本质……模式就是消息，它也可以作为消息来传递。④

而随着工业化与技术的进一步发展，人与机器之间的交流与合作更加深入，控制论也试图解决人和机器的通信特点之间的相互冲击，试图确定

---

① 许煜. 递归与偶然 [M]. 苏子滢, 译. 上海：华东师范大学出版社, 2020：38.
② 斯蒂格勒. 技术与时间：爱比米修斯的过失 [M]. 裴程, 译. 南京：译林出版社, 2012：26.
③ 同①182.
④ 维纳. 人有人的用处 [M]. 陈步, 译. 北京：北京大学出版社, 2019：22.

机器未来的发展趋势以及可能给人类社会带来的影响。① 特别是计算机被发明之后，信息的反馈逐渐成为连接人与机器整个系统的中心。不管是马克思所强调的技术需要统一，还是在计算机与人构成的自动系统中需要由中央控制系统（例如逻辑装置和数学装置）来调节比较复杂的选择过程和反馈操作，都需要人与其器官的延伸——机器相互协调，遵循统一调度。哪怕这个系统中存在大量带有感官性质的仪器，但是这些仪器由于精密复杂需要由人手操控，作为一个系统整体的一部分而言，仍然需要遵循中央系统的调配。"整个控制装置相当于一个具有感官器官、效应器管和本体感受器的完整动物，而不是相当于一个独立的脑……其经验和有效性要取决于我们对之参与的程度。"② 从递归的结果上看，由于有机系统的复杂性，机器无法判断所有偶然情况，因此"机器最大的弱点——正是整个弱点使我们远不至于被它统治——就是它还计算不出表征人事变化幅度甚大的概率性"③。

控制论的观点也回应了第二章基特勒的媒介网络概念，也进一步从信息的角度阐明了人际融合的重要机制，即通过反馈来实现"减熵"，从而减少有机体系统的无序状态，实现有机体与无机体、人与机器的高效协调。在人与机器协调和融合的过程中，人的作用是不能被忽略和完全替代的，系统是否能够有效运行，也取决于人与机器之间的协调。

第三节　追问的实现：对智能新闻生产的微观考察

上述两部分所涉及的研究展现了学界在不同时期、不同层面、不同维

---

① 维纳. 人有人的用处［M］. 陈步，译. 北京：北京大学出版社，2019：125.
② 同①140.
③ 同①162.

度对于人与技术关系的探讨，并且将这种思考浸入新闻生产实践的数字化、智能化转向过程中进行探索，颇有启发性。但是部分研究从理论到理论，缺乏与实践的勾连和现实关切；也有部分实证研究仅仅从传统新闻业意义上的记者和编辑等职业视角出发，聚焦于新闻编辑室内部生产实践的新特征，而在媒介技术迅猛发展的当下，将新闻生产局限在传统的新闻编辑室中已不能窥见其全貌，只用记者、编辑等代表新闻生产中的从业人员也是片面的。因此，这里我们提出广义"新闻生产"的概念——智能媒介技术在整体新闻产业中的实践可能性——对人和技术的互动过程进行探讨。① 具体来说，新闻生产是指新闻机构及从业者对新闻的选择、加工与传播的整个过程，由生产主体、生产客体以及所形成的生产关系构成。② 因此，我们立足新闻生产各个流程从业者的实践出发，融合器官学和控制论中关于人与机器融合的观点，采用自下而上的微观角度来进一步挖掘：智能新闻生产实践的流程是怎样的？人与作为媒介新技术的算法如何进行分工和互动？应该如何看待人与算法技术之间的关系？在客观主义的扎根理论研究方法的基础上，我们通过诠释两者的互动过程以对上述的理论讨论进行回应，从而加深我们对智能新闻生产的理解。

扎根理论由美国社会学家格拉泽（Barney Graser）和斯特劳斯（Anselm Strauss）所创立，它综合了格拉泽所在的哥伦比亚学派的经验主义倾向以及斯特劳斯所在的芝加哥学派的实用主义倾向，将实证研究和理论建构二者紧密地结合起来。客观主义范式下的扎根理论强调将文本变成"数据"和"变量"，从文本中"发现"理论。该方法的分析过程包括三个主要

---

① 吴璟薇，郝洁．智能新闻生产：媒介网络、双重的人及关系主体的重建［J］．国际新闻界，2021（2）：78-97.

② 刘义昆，赵振宇．新媒体时代的新闻生产：理念变革、产品创新与流程再造［J］．南京社会科学，2015（2）：103-110.

环节，即开放性编码、主轴式编码和选择性编码。① 扎根理论就是在这三个环节的基础上，在层层编码的过程中完成概念饱和，并最终构建出理论模型的。

1999 年，陈向明将扎根理论引入中国②，王锡苓首次提出其在新闻传播学领域的适用性③。经过多年发展，扎根理论的操作流程已经较为科学规范，其理论也并非从书斋中凭空想象的，而是扎根于来自现实的一手数据，有助于产生说服性强的理论。④ 目前，我国的新闻传播领域的学者多将扎根理论应用于研究用户/消费者线上行为、跨文化传播、群体事件等领域。⑤ 虽然其作为研究方法较少出现在新闻生产相关研究中，但国外学者已广泛应用扎根理论探讨相关问题。⑥ 因此，为了从新闻生产实践中具体分析人与技术之间的关系，进一步解析算法如何嵌入新闻生产中的关系，这里将尝试运用扎根理论进行探索。

文本搜集

我们选取了 6 位在不同企业、不同岗位的新闻生产从业人员进行半结构化访谈（见表 3 - 1），将访谈所得录音转译为文字材料作为文本。在文本搜集的过程中，研究者反复斟酌研究问题，并根据已有访谈记录及时进行分

---

① 吴肃然，李名荟 . 扎根理论的历史与逻辑 [J] . 社会学研究，2020，35（2）：75 - 98，243.

② 陈向明 . 扎根理论的思路和方法 [J] . 教育研究与实验，1999（4）：58 - 63，73.

③ 王锡苓 . 质性研究如何建构理论？：扎根理论及其对传播研究的启示 [J] . 兰州大学学报（社会科学版），2004（3）：76 - 80.

④ 贾旭东，谭新辉 . 经典扎根理论及其精神对中国管理研究的现实价值 [J] . 管理学报，2010，7（5）：656 - 665.

⑤ 徐开彬，叶春丽 . 扎根理论在新闻传播研究中的应用：基于中英文新闻传播学术期刊的分析 [J] . 新闻与传播评论，2022，75（1）：17 - 31.

⑥ MCENTEE R S. Future photographs of us women in combat：gatekeeping and hierarchy of influences [J]. Journalism practice，2018，12（1）：32 - 55；TUAZON J P L，ARCALAS J E Y，SOLIMAN J M D，et al. Journalists' creative process in newswork：a grounded theory study from the Philippines [J]. Journalism，2020.

析对比，对访谈提纲进行调整，以确保问题意识贯穿始终，文本搜集有针对性。

表 3 - 1　　　　　　　　　　访谈对象基本信息

编号	所在企业	职务	访谈时间
Z1	Bloomberg	Breaking news 组记者	2021.11
Z2	腾讯新闻	"新闻当事人"记者	2021.11
Z3	腾讯新闻	内容运营	2021.12
Z4	腾讯新闻	Push 运营实习生	2021.12
Z5	字节跳动	内容运营	2021.12
Z6	36 氪	后浪研究所编辑	2021.12

开放式编码（open coding）是扎根理论编码过程的第一阶段，目的是结合相关文献，从资料中提取相关概念和范畴，并确定范畴的属性和维度。在这一阶段，研究者应当要尽量抛弃自身的成见，将所有原始资料打散后进行详细分析，保留资料中可以进行编码的原文，不断比较并进行理论化。具体而言，首先使用语音转文字软件将访谈音频转换为文字，并对所得文字进行修正和梳理，剔除与本研究明显无关的内容，得到访谈文本，再将文本以句子为单位进行划分，逐句编码，形成初步概念；其次对概念进行优化、分析和筛选，把同一类属的概念聚集起来，形成属于同一范畴的概念丛；最后对概念丛进一步概括并抽象化。经过这一系列步骤，最终共提炼出 43 个概念，然后对其命名，并描述其性质。在此过程中研究者借鉴了多个已有的学术概念，并在后文中针对关键概念进行主轴式编码的目的是进一步提炼和区分这些概念，从已有的范畴中选择出最能体现文本主题的范畴，再回到原始资料中将这些主轴范畴与相关文本联系起来，检验其提取的真实性和可靠性。通过这个过程，合并次要范畴，提炼主要范畴。最终，本研究共提取 11 个范畴（见表 3 - 2）。

表 3 - 2　　　　　　　　　　　开放式编码和主轴式编码

主轴式编码 （范畴化）	开放式编码 （概念化）	资料整理（定义现象）
人对算法的 干预	新闻排序干预	人可以调整任何一条新闻的推荐排序
	新闻分发干预	人可以决定新闻向哪个受众群体分发
	生产次重要内容	算法写的新闻都是相对不重要的新闻
	制定算法规则	算法的运行规则是由人来制定的
	提高推荐精确度	人工打标签生成的数据把相关内容特征和用户行为 反馈给算法，让算法更准确地推荐新闻
人的社会 属性	工作经验优势	我们本身的工作经验告诉我们应该怎么做，这需要 我们长期的工作积累
	信息前瞻性	人可以提前得到一些事件的消息，并对此类事件的 新闻进行运营部署
	社会资源优势	记者本身的媒体资源和对信息源的掌握对新闻生产 很重要
人的主观 能动性	判断能力	记者能对信息的重要性进行判断，人的判断能力是 无法被取代的
	分析能力	记者能看到隐藏在数据背后的内容，要对海量的数 据进行分析
	认知理解能力	记者能联系事件发生的背景等因素，对其进行深度 报道性质的解读
新闻价值 考量	时效性	人在新闻生产的所有环节都被要求快一些，不同公 司也会竞争发稿速度
	接近性	记者在采写新闻和分发新闻时考虑是否与受众有心 理上的接近和地理上的接近
	重要性	采写新闻时会考虑新闻内容是否重要
新闻制作	精细化分工写作	有专门记者写事实性内容（报道），有专门记者写 解读性内容（报道），有专门的人来写 push 的标题 导语，算法会（抓取）写一些财经类、体育类事实 性内容（报道）
	全过程过滤	算法参与的每一个新闻生产阶段都会过滤一遍内容
	全过程审核	每一个环节的人都会对新闻内容进行审核，分发出 去的新闻还会被审核

续前表

主轴式编码 （范畴化）	开放式编码 （概念化）	资料整理（定义现象）
新闻分发	人工制造头条新闻	几乎所有新闻类 App 的前几条新闻或网页第一个版面的新闻都是人工设置的
	算法推荐排序	绝大多数新闻是算法根据内容和用户画像进行分发的
	用户反馈	算法分发新闻后，会再根据用户行为的反馈对新闻排序，多轮循环形成热点
对人的驯化	工作内容程式化	在进行新闻采写、审核和分发的过程中都遵循严格的程序
	工作流程标准化	要根据算法调整工作习惯，会受到算法逻辑的限制，整个流程很固定
	工作痕迹数据化	人工涉及算法的工作过程都将被算法记录，部分不涉及算法的工作也会以工作日报的方式记录、搜集
	算法理解能力	编辑和运营人员需要理解基本的算法逻辑
	提高人的工作效率	算法帮助人更好更高效地完成工作
	重复性劳动	工作很机械，每天都是重复、标准的流程，不是智力劳动
	价值危机	感受到危机，人的部分工作很可能被机器取代
算法能动性	信息热度评估	算法对监测的信息进行热点指数评估
	大数据监控	算法在短时间可以监控大量信息，人做不到
	用户桥梁	用户观看、点击等行为是与算法的隐形互动，算法连接起用户和新闻从业者
	累积优化	算法会积累用户的行为反馈，描述用户画像，使新闻推荐更精确
	自动写新闻	算法可以自动写部分财经类、体育类资讯
物质性支撑	物理支撑	算法需要服务器、电脑、电力等物质条件
	信息基础设施支撑	算法需要互联网、数据库等条件
规则建构	平台打通	算法抓取信息需要与被抓取信息所在的平台做技术打通
	媒体协议	算法抓取信息需要与被抓取信息所在的平台媒体达成协议
	制度规约	算法会受到制度政策监督
	写稿规范	算法写新闻就像在做填空题一样，根据模板来写

续前表

主轴式编码 （范畴化）	开放式编码 （概念化）	资料整理（定义现象）
目的导向	满足人的需求	人根据新的需求微调算法
	底层算法的稳定性	目前算法的底层逻辑基本不会发生变动
	用户和内容支撑	算法良好运行的前提是有足够多的内容和用户
	算法需要人工优化	算法需要人工不断训练，否则会出错误
	算法的信息可得性	算法需要根据互联网中已有的信息抓取信息、写新闻

选择性编码与核心理论范畴

选择性编码指选择核心范畴，将其系统地与其他范畴予以联系，并将之最终概念化、理论化的过程。该过程的主要任务包括识别出能够统领其他范畴的核心范畴，用所有资料及由此开发出来的范畴、关系等简明扼要地说明全部现象，即开发故事线。在"访谈搜集文本—编码—比较分析—访谈搜集文本"的过程中围绕研究问题，反复循环提炼总结，使得模糊不清的类属明确化，并删掉明显与主题无关的语句和自相矛盾的语句，直到不再出现新的类属。此外，在收集、分析数据时还需要不断反思逐渐形成的范畴，以保证所得编码能充分解释类属，弥补"文本-概念-理论"之间的缺陷。至此，理论抽样结束，所得类属达到饱和状态。本研究共概括出新闻生产实践、人的主体性、新闻价值、算法的自主性和底层逻辑五个核心范畴（见表3-3）。

表3-3　　　　　　　　　选择性编码和核心范畴

选择性编码 （核心范畴）	主轴式编码 （主范畴）	关系内涵
新闻生产实践	内容生产	新闻的内容生产和新闻分发是新闻生产的显性环节
	新闻分发	

续前表

选择性编码 （核心范畴）	主轴式编码 （主范畴）	关系内涵
人的主体性	人对算法的干预	人通过干预算法在新闻生产实践过程中的作用、在新闻生产时的优势和自身的主观能动性来体现自己的能动性
	人的社会属性	
	人的主观能动性	
新闻价值	新闻价值考量	人和算法在互动过程中共同塑造了新闻价值的内涵
算法的自主性	对人的驯化	算法通过对人的驯化、对人的存在价值的挑战和自身的能动性体现主体性
	算法能动性	
底层逻辑	物质性支撑	人和算法需要一定的物质条件、建构并遵循彼此可理解的规则，并服从新闻生产和各自目的的导向，才能使得新闻生产得以实现
	规则建构	
	目的导向	

分析"新闻的生产实践"理论范畴可以发现，新闻生产的显性流程表现为新闻内容的生产和新闻分发两方面。新闻生产实践是人和算法合作的直接体现。分析"人的主体性"理论范畴可以发现，在新闻生产实践过程中，人的主体性彰显主要体现在自身的主观能动性、人的社会属性和人对算法的干预三个方面。这三方面是新闻生产实践中必不可少的因素，且同时算法压制人的能动性，两者处于竞争关系。分析"新闻价值"理论范畴可以发现，人和算法在互动过程中塑造了新闻价值的内涵。新闻价值是人的能动性（对信息的判断、分析与理解）与算法（对效率的追求、与用户的互动反馈等）能动性共同作用于新闻生产实践产生的价值考量。分析"算法的自主性"理论范畴可以发现，算法通过对人的工作内容、工作流程等进行"驯化"压制人的能动性和主体性。在一定程度上，算法需要依赖"人"这一客体体现自身的主体性。分析"底层逻辑"理论范畴可以发现，一定的物质条件、建构并遵循可被理解的规则和工具性目标这三者使得新闻生产得以实现，其中凸显了人与算法的交流与平等地位。综合而言，这五个理论范畴均体现了人和算

法的关系。基于此，我们构建了如下理论框架（见图 3 - 1）。

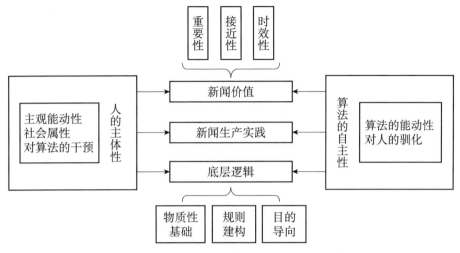

图 3 - 1　新闻生产中人与算法互动的扎根理论框架

第四节　智能新闻生产实践中的"人-技协同"

智能新闻生产相较于传统的新闻生产，最大的不同是，算法不再仅以工具的属性，而是以主体的姿态参与其中。正如斯蒂格勒所认为的，技术源于人类先天的不足，两者并不彼此独立，也不是创造与被创造的关系，而是互为起源，共同进化。新闻从业者和算法技术以彼此可以理解的方式进行互动和合作，共同塑造了智能新闻生产的底层逻辑。[①]

一、合作共生："人-技协同"的实现途径

智能新闻生产得以实现需要两个维度的物质性基础设施支撑。第一个

---

① 斯蒂格勒. 技术与时间：爱比米修斯的过失［M］. 裴程，译. 南京：译林出版社，2012.

维度指算法需要服务器、电脑、电力等物质条件，即"信息和数据得以生产、存储与流动所需的物质材料、技术结构、能源供给及其社会组织方式"①。这些材料不仅是智能新闻生产得以实现的必要条件，其中也包含了人与算法得以进行沟通的物质条件，如以电子屏幕为代表的交互界面等。第二个维度指广义上的数字技术。作为建构当代技术社会的核心特征，其已经成为跨越实体与虚拟、强调人和物的关系，具备嵌入性和基底性的基础设施。② 在中国的语境中，可具体化为"以技术创新为驱动，以信息网络为基础"的新型基础设施，如以 5G、物联网、工业互联网、卫星互联网为代表的通信网络基础设施等。③ 算法作为技术的一种，既属于此类基础设施，也是智能新闻生产领域的核心要素。

在规则建构层面，算法技术为人设定了操作规则，人在遵从规则的基础上调整传统从事新闻生产的行为逻辑。在实践过程中，算法因其自身的局限性需要依托于人才能够使得新闻生产顺利进行，主要体现为人需要设定一系列规定和协议。如在信息获取环节中，算法若想抓取某一媒体平台的信息，可能需要与该平台做技术上的打通，还要与该媒体签订有关信息获取的协议。除此之外，人要设定算法的抓取规则、抓取平台和抓取内容的格式，否则即使算法抓取到了信息，也可能出现错误。例如，当某一企业所公布财报的行文格式与之前所公布的格式不同时，算法可能会发现其有所变动，但依然可能抓取到错误信息，这部分则需要人工进行调节。在新闻制作环节，目前阶段的算法更像是在做"填空题"，根据人设定的模板

① 束开荣. 互联网基础设施：技术实践与话语建构的双重向度：以媒介物质性为视角的个案研究 [J]. 新闻记者，2021 (2)：39-50.
② 张磊，贾文斌. 互联网基础设施研究：元概念、路径与理论框架 [J]. 中国社会科学院研究生院学报，2021 (5)：22-32，145.
③ 章戈浩，张磊. 物是人非与睹物思人：媒体与文化分析的物质性转向 [J]. 全球传媒学刊，2019，6 (2)：103-115.

编辑内容、行文结构甚至是用词都高度固定的新闻，并且要求所抓取到的
信息组成结构也高度固定，而人只能服从于算法运行的逻辑：

> 我们的 App 上发主站的文章，他们要求我用固定格式来写东西，
> 就是照着他的规则填，我们要填类似于导语一样的东西，可能还要填
> 图片来源、作者、首发来源。然后网站就可以自动抓取 App 的信息，
> 也可以互相转载。（Z6）

在新闻审核环节，算法需要持续学习以满足新闻审核的要求。以腾讯
新闻的算法为例：

> 算法是通过模型来做一些训练，需要给它提供很多标准。比如说
> 我首先提供 2 万个样本，告诉它这一条是安全的，那一条是不安全的。
> 算法逐渐能识别出一些东西，这是一个很漫长的过程。而且按照现在
> 的算法来说，这些东西都是需要不停地训练的。我们现在也是在对它
> 进行不断的训练。第一个是因为新闻每天发生的可能是不一样的事儿。
> 第二个是因为模型是会退化的，就是发现这个模型的准确率在下降。
> 比如说这是一个完全新的事情，以前根本就没有这个词，这就是算法
> 需要学习的，算法必须得保证时刻地学习才能跟得上。（Z3）

在初始阶段，算法根据人工设定的敏感词汇、文章的完整程度、内容
质量（如是否涉及低俗内容等）等对新闻进行评价和过滤，再由人工核查
其准确程度，这一过程需要大量的人力和算力才能够实现。之后，因为目
前的算法只能识别自己学习过的内容，而不能对新创造的词汇、事件进行
精确判断，所以算法通过平台运营者或编辑等更新词库和判断规则、通过
外包团队以打标签或抽样分析的方式进行反馈修正自己的评价标准、通过
受众的实时反馈修正自己的计算标准。这三种方式动态地、持续地发挥作
用，不存在时间上的先后顺序。

在目的导向层面，人与算法既要保证自身目的的实现，又要保证智能新闻生产实践目的的实现。新闻业作为社会系统的组成成分其自身具备工具属性，这也是新闻业的合法性来源之一。因此，人通过自身直接参与新闻生产实践和依据自身需求调整算法两种方式体现其目的性。算法则一方面在满足人的需要的同时保证自己的底层逻辑的稳定性，另一方面依赖人保证信息的可获得性，并通过这两方面来支撑自身的运行逻辑和新闻生产的实践需求。

> 算法的底层逻辑是不可撼动的，之前设定好的规则部分也比较难变动，能动的更多的是比较浅层次的内容，这部分根据（人）不同的需求做不同的改进，或者说对技术进行调整。（Z5）

此外，算法还需要有大量的用户互动和内容生产支撑其不断反馈用户行为、精确用户画像，提高内容处理能力和推荐能力。对于用户，算法根据每一个用户的画像准备了用户可能喜欢的内容候选集。算法从候选集中选出部分内容并进行过滤——如这些内容是否已经重复出现、是否匹配该用户当前使用的终端等，过滤后的内容都可以展示给用户，但算法首先会对内容进行粗排，再根据用户对每一条内容的点击率、停留时长、是否点赞和分享等行为进行预估，形成指标，根据指标排序，最终推荐给用户。对于新闻内容，当新的内容出现在平台上时，算法首先将其推荐给小部分用户，根据这部分用户的反馈对内容形成更为精确的评估，再决定是否将其放入更多用户的候选集中。以上这两部分互为支撑，如果没有足够多的内容，就不能得到更多的用户反馈，也就无法留住用户；如果没有足够多的用户，产出就无法更为精确地被投放。以上的过程不涉及人工的直接操作，但是人工会通过设定过滤规则等方式参与其中。

> 一个平台如果它没有那么多的内容，可能刷一个小时就到底了，

你会刷到你前一天已经刷过的内容。所以在这种情况下，它就很难说做特别精细化地打分和过滤。如果没有很多的用户去帮你做这个事情，你可能在冷启动阶段就已经把所有的用户或者大部分的用户都给布置一遍了。所以这个会依赖于有比较大的用户的体量，以及有比较多的内容。（Z5）

尽管当前仍处于弱人工智能时期，但是通过上文的讨论可以发现，无论是在从业者实践的语境中还是具体的操作过程中，人与算法都处在相对"平等"的地位，两者的有效合作成为保证智能新闻生产得以实现和存续的根本条件。整个智能新闻生产离不开人的参与，特别是在算法的设计、开发和训练阶段，因为就目前的技术水平而言，技术还无法实现真正的自我学习和自我更新，在众多智能生产的背后，仍然需要大量人力的投入。同时，从控制论的角度来讲，人、算法以及相应的基础设施机器，都共同嵌入一个智能系统中，都需要遵循系统的准则。特别是人与技术在交流过程中，都需要按照技术逻辑架构做"填空题"，将机器能够识别的标准化内容转化为代码"喂"给机器，通过反馈系统不断调试算法的准确度，并在中央控制系统中进行统一调配。

二、打破界限：智能新闻生产的形态塑造

图3-2为根据编码后的关键词提取所绘制的新闻生产过程图。从当前的新闻实践来看，新闻生产已经走出传统的新闻编辑室。大众传播时代的新闻生产活动以狭义的"生产"，即新闻采写等新闻内容制作为核心，但在智能时代，新闻制作只作为整个新闻生产流程中的关键环节之一，新闻分发、新闻内容的扩散与受众反馈的重要性却显著提升。新闻生产也不再是线性的、封闭的过程，算法、打标签的外包团队和受众以更为直接的方式参与其中，影响了新闻制作和分发等过程。同时，由新闻记者掌控的职业

新闻的边界被部分解构——其本身可能本来就没有明确的专业壁垒[①]，或在职业边界构建方面存在着不足[②]——专业主义话语在实践层面更为弱化。智能新闻生产虽然拓展了新闻记者的工作范围，包括对新技术的使用、对大数据相关内容的分析、对新闻分发对象的判断等，但记者不得不让渡更多新闻生产的权利给技术和新闻编辑室之外的人，这不仅使记者的身份定位变得模糊——记者、编辑和平台运营者彼此的职责范围相互重叠，也因此让新闻业在实践层面进行自我建构的过程中受到来自内部的挑战。

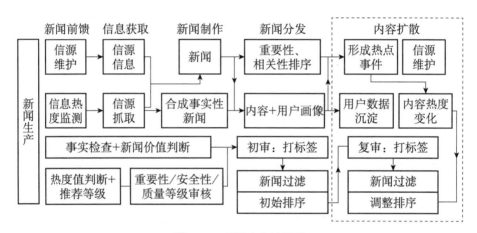

图 3-2　新闻生产过程图

从过程图中还可以发现，算法不再仅仅是新闻编辑室中职业新闻从业者的辅助工具，而是渗透到新闻生产的各个环节，形成了"你中有我，我中有你"的动态合作关系。在新闻生产实践中，其一，很难将信息监测与获取、新闻制作和分发等阶段完全分开。获取信息既是为新闻制作提供材料，也是为评估社会热点和刻画受众画像，使新闻分发更为精确；新闻制作过程既发生在获取信息之后，其本身也将作为信息以供新闻内容制作使

① 卡尔森，张建中．自动化判断？算法判断、新闻知识与新闻专业主义 [J]．新闻记者，2018（3）：83-96．

② 白红义．新闻业的边界工作：概念、类型及不足 [J]．新闻记者，2015（7）：46-55．

用；新闻分发的同时反馈用户信息，还将影响下一次信息获取、新闻制作和分发。

其二，新闻生产的各个阶段都是通过人与算法的合作紧密联系在一起并互相影响的。很难将算法从人的实践活动中剥离出来，明确指出哪一部分工作是由人独立完成且不受算法影响的；反之亦然。除了显性的分工之外，人和算法之间围绕新闻生产进行着多维度的"沟通"和"互动"。在实践过程中人已经适应了算法的工作逻辑，如"打标签"采用的形式是对"现在屏幕上的内容做选择题或者打分"（Z3）；"发布新闻时要有严格的操作顺序，在指定地方填写标题、导语"（Z4、Z6）；"人工干涉新闻排序的方式是在后台调整新闻的某些评价赋值"（Z3）等。同时，算法也以人可理解的形式为人工提供调试和介入的"接口"，在不改变基本框架的前提下不断训练以满足人的需求，并且"允许"人介入算法新闻生产的任何一个环节。从这个角度来说，算法已经不仅仅是记者的辅助工具，其在客观上嵌入了新闻生产实践中并成为重要的参与者。

其三，人与算法的有机合作不仅形塑了新闻生产的新形态，也深刻改变了新闻审核的机制，人机合作的"新闻把关"① 已经成为现实。传统新闻编辑室中"把关人"的角色与功能被分散在各个环节中，甚至当新闻分发出去之后，人工还要对其进行复审。审核过程中人和算法各有分工，算法根据敏感词库等一系列规则对新闻进行评估过滤；人针对新闻内容的真实性、是否有吸引力、是否有病句等问题进行审核。承担这项工作的不仅包含记者、编辑等直接接触到新闻生产环节的人，还有大量的审核团队负责为新闻内容做标记，即"打标签"。人工做的标记一方面是为了审核新闻内容，另一方面也是在辅助算法更好地刻画用户画像，以进一步提高个性化推送

---

① 姚建华. 自动化新闻生产中的人机联姻及其实现路径［J］. 当代传播，2021（1）：41-45.

的精确度。此外，人和算法的所有操作痕迹都将以数据的形式记录下来，作为之后复查或归责的凭证。正如 Z3 在访谈时所说：

> 我编辑去推送的时候也会去判断一下，以及算法写稿输出的这些稿件一般也会有人去审。谁做的（写新闻稿件），他自己也会对输出的内容做一个把控，所以这部分其实是有审核的，而且对于质量的审核，是运营本身的基础工作之一，是因为我们要对它负责，这个部分我们审核出来的东西，我们发的时候是带有我们自己的审核的，比如说它确实有问题了，我们是可以找到是谁审核的。（Z3）

三、新闻价值：人与算法技术的价值交锋

数字技术的不断发展和对传统新闻生产实践的冲击不断地消解着传统新闻业专业性背景下的新闻客观、中立等价值崇拜。[①] 人与算法的协同进一步彰显了新闻的重要性、接近性、时效性等新闻价值，为当下关于新闻价值的讨论提供了新的思路。进一步来说，人与算法的互动是如何构建出当下新闻价值的内涵的？

首先，新闻价值的重要性要素的表现形式和内涵有所拓展，判断"何为重要内容"的权利部分让渡给算法和受众。对于人这一方面，除了和传统的新闻记者类似地通过自身从业经验和对新闻价值的判断，在信息获取、新闻制作方面进行判断和选择，还会通过影响新闻推荐的顺序以决定哪些新闻是重要的。在表现形式上，人会选出自己认为有价值的新闻，使其在网页较为显著的位置停留较长时间，而不随着算法推荐的逻辑进行更新。

人工的分发相当于一些固定位，当然一般对外的口径来说，这个

---

① 常江. 价值重建：新闻业的结构转型与数字新闻生产理论建构 [J]. 编辑之友，2019（3）：88 - 94.

平台的热榜都是由算法来进行排序的，但是每家的热榜其实都留了人工干预的口，这个也就是说人工可以干预网页的任何位置，如果仔细观察的话，你会发现有一些大事情它的热度还没有足够高的时候，就会出现在热搜的第一名。(Z3)

在算法的视野里，热点信息等于重要信息，用户数据成为测算"热点"的唯一依据，新闻价值的重要性要素被量化成诸多指标。在人与算法互动的维度，算法只能以自己可理解且记者不得不接受的方式，即以数据化的形式对"什么是重要的内容"这一问题下定义；在新闻生产的维度，人依赖算法获取新闻素材，算法则依据自身逻辑对网络上的信息进行监测和抓取，也就是说记者所获得的素材是算法认为重要的信息；在与受众互动的维度，除了人为设置的热点外，其他热点内容的产生是因为该内容短时间内获得了大量流量，即有大量用户观看、评论或转发等。由此，算法逻辑下数据成为判断新闻重要性的决定性依据之一，即重要的新闻近似等于受关注度高的新闻，这一逻辑进而影响了人对新闻重要性的理解。

其次，新闻的接近性要素在新闻生产流程中因算法而得到强化。新闻的接近性指新闻内容在地理和心理上与受众较为接近，具有一定的相关性，所以能够引起受众的关注。[①] 在传统的新闻业中，新闻工作者只能通过自己有限的精力和对部分受众群体的了解决定生产和分发可能与之相关的内容。但在智能新闻生产流程中，由算法逻辑驱动的新闻分发和推荐过程更加精确化，这是传统新闻业所无法实现的。算法在内容生产者和受众之间搭建了数据化的"沟通桥梁"，即算法可以掌握每一位用户的个性化数据，并实时收集用户对所生产内容的反馈。基于此，算法本身在进行内容的筛选和推荐排序时也可更精确地将其投放给用户，记者则可以更具有针对性地生

① 胡正强. 正确理解新闻接近性的内涵［J］. 当代传播，2005（5）：9 - 11.

产和分发内容，部分媒体公司还按照地域设置了不同的运营小组，负责搜集、编辑、发送与该地域相关的新闻。

> 我们的工作是分地域的，比如负责北京市的人就只需要找北京相关的新闻。我们会有一些工作群，比如说总群会发一些编辑觉得非常重要、现在马上要推的新闻，我们就把它们转发到对应的地域的负责人那里。（Z4）

由此也给本研究中所讨论的新闻生产的范围划定提供了一定合理性，若不将视野扩展至新闻编辑室之外的其他环节，可能就无法更为客观和深入地理解当下的新闻实践和新闻价值。

最后，新闻的时效性要素被算法加强，但是其表征却被隐藏起来。从表面上看，新闻的时效性有所弱化，实际上是因为新闻生产在一定程度上已经突破了时间的限制，即从时新性向实时性转变。① 其一，算法自身通过不断迭代升级，提升信息搜集、新闻制作和分发的速度；其二，人在算法的辅助之下提升了工作效率；其三，算法的效率导向使得新闻生产内部的分工更为精细化和专业化——尽管新闻审核和过滤的过程贯穿始终——如部分商业媒体中分析数据的记者只负责分析数据，写事实类信息的人只负责整合信息，这些信息则交由其他记者制作成新闻，此外还会产生大量"打标签"的人。同时，部分财经类媒体出于商业利益考量，同样高度重视新闻的时效性，其与竞品媒体公司发布一则相同资讯的时间往往只有数秒之差。

> 和竞争对手比起来，我们的优势在哪里？可能就是我比他们发一个数据早了几秒钟。你的信息比其他人来得快，哪怕只有一秒钟，其

---

① 易艳刚. "后真相时代"新闻价值的标准之变：以"罗尔事件"为例 [J]. 青年记者，2017（4）：17-19.

他的人就可以提前做交易的决策，这就是区别，就是钱。(Z1)

因此，一方面，技术理性驱动的数据为王的逻辑一定程度上让新闻的流量等同于新闻的重要性，并使得新闻的接近性与受众更相关、更易于实现，而技术对效率的追求则缩短了新闻生产各个流程的时间，甚至消弭了新闻的时效性。另一方面，人基于新闻生产的市场逻辑和新闻从业者的社会责任选择新闻生产的选题和内容、干预新闻推荐和排序以进行显性议程设置，算法与人基于不同的逻辑作用于新闻生产实践过程中，二者共同塑造了新闻价值的内涵。

四、"主客"之辨：人的主体性与算法自主性

哲学范畴中的主体指"认识活动和实践活动的承担者"，主体性指"作为认识活动和实践活动的主体所具有的本质属性"[①]。在智能新闻生产领域，部分学者延续马克思的思路，认为"主体性是属人的，不是属物的"[②]，算法技术由人来创造，所以在智能新闻生产的过程中算法技术只是在表象上出现了"拟主体性"，人仍然是唯一主体。马克思在《1844年经济学哲学手稿》中是从人与人的劳动的作用对象，即自然之间的关系出发讨论主体性的："正是在改造对象世界的过程中，人才真正地证明自己是**类存在物**"，"人的感觉、感觉的人性，都是由于**它的**对象的存在，由于**人化的**自然界，才产生出来的"，也就是说，人只有将自己的本质对象化才能够确证人的主体性。所以，技术——尤其是现代工业的发展——及其产物作为人的对象性存在本应是人的本质的反映，但是这一对象性存在作为"**异己的存在物**"和"**不依赖于生产者的力量**"同劳动相对立，即劳动被异化。随着异化程

---

① 曾庆香，陆佳怡. 新媒体语境下的新闻生产：主体网络与主体间性 [J]. 新闻记者，2018 (4)：75-85.

② 杨保军. 再论"人工智能新闻生产体"的主体性 [J]. 新闻界，2021 (8)：21-27，37.

度的加深，工人被贬低为机器、沦为机器的奴隶。① 他在《德意志意识形态》中进一步阐明人的劳动产物聚合为不受控制甚至统治人类的、驱动历史发展的主要因素之一，"这种力量压迫着人，而不是人驾驭着这种力量"②。尽管马克思是站在阶级的视角考察技术，并最终强调造成异化和剥削的是掌控技术的资本家，但正如兰登·温纳在《自主性技术》中对马克思等学者的回应，"精英或统治阶级的特权地位不是他驾驭这个机械系统的证明，而只表明他有一个舒适的座位而已"，相对于整个系统的运行和发展来说，"主人"的统治地位不是决定性的。③

但是，这些共同属于"主体-客体"的话语本身就包含了"主体是目的，客体是手段，主体与客体是控制与被控制的关系"④ 的前提，因此算法技术自然就是被人控制的工具。控制的过程是人主观能动性的体现，主观能动性是主体性的主要表征，又因其是人的本质属性之一，如此一来主体性自然就只属于人了。⑤ 这些分析的出发点是先验地将主体性赋予了人，把物排除在外，这近似于循环论证的过程。此外，海德格尔目睹了现代技术带给人类的灾难后，质疑以工具论的视角审视技术的本质——被人类创造出的工具为何反而对人类造成危害。⑥ 雅克·艾吕尔同样发现这无法解释高速发展的现代技术：如果技术是人的工具，为何人不能够控制技术的发展方向且不能把握技术发展所引起的种种后果？事实是，"人被整合进了技术进程

---

① 马克思，恩格斯．马克思恩格斯文集：第 1 卷 [M]．北京：人民出版社，2009：155 - 169．

② 马克思，恩格斯．德意志意识形态 [M] //马克思恩格斯选集：第 3 卷．3 版．北京：人民出版社，2012：165．

③ 温纳．自主性技术：作为政治思想主题的失控技术 [M]．杨海燕，译．北京：北京大学出版社，2014：34．

④ 同③15 - 25．

⑤ 杨保军．再论"人工智能新闻生产体"的主体性 [J]．新闻界，2021（8）：21 - 27，37；杨保军．简论智能新闻的主体性 [J]．现代传播（中国传媒大学学报），2018，40（11）：32 - 36．

⑥ 海德格尔．技术的追问 [M] //吴国盛．技术哲学经典读本．上海：上海交通大学出版社，2008．

之中"，成为技术的客体。① 因此，抛开人类中心主义的观点，技术的自主性就浮出了水面。

所以，当跳出主客体二元划分的思维方式和主体性属"人"还是属"物"的哲学话语之争后，就能在"思辨终止的地方"，即"在现实生活面前"来描述微观新闻生产实践，让抽象落回"现实的历史"，因为"对现实的描述会使独立的哲学失去生存环境"，但这正是"真正的实证科学开始的地方"②。

在人与算法技术的写作过程中，两者均体现出了其作为主体的特征。人的主体性特征主要表现在人的社会属性、主观能动性和对算法的驯化三个方面。

第一，人的主体性可以通过考察其与其他个体的互动得以彰显。在新闻"诞生"以前，新闻工作者依赖自身的社会关系，与相关信源和媒体保持长期合作，以确保能够事先得到消息。

> 我们平时的一项重要工作就是维护和信源的关系，有些事情会提前发布消息，那就可以（对消息）做预处理，准备好文字、视频等材料。(Z2)

此外，在新闻制作的过程中，许多算法无法捕捉或暂时无法被数据化的信息必须由记者在场并与信源发生互动以获得。

第二，隐藏于传统新闻业层层结构和权利之下的记者和编辑的主观能动性得到凸显。在新闻制作阶段，新闻工作者综合自身获取的信息和计算机抓取、过滤、呈现出的信息制作新闻，甚至能够基于数据分析和自身的工作经验，对即将发生的某些事件做出预测。在写稿过程中不仅能体现出

---

① 艾吕尔. 技术秩序［M］//吴国盛. 技术哲学经典读本. 上海：上海交通大学出版社，2008.

② 马克思，恩格斯. 德意志意识形态［M］//马克思恩格斯选集：第 1 卷 .3 版. 北京：人民出版社，2012：153.

个体对信息的选择、判断和分析，还能体现出撰稿人的写作风格、用词偏好等可能更吸引读者的内容。在新闻发布阶段，少量新闻由人根据新闻的重要性、相关单位要求、市场压力等因素来决定推送的顺序以及出现在页面上的位置。

> 人工更多的是一些热点的快速的铺场，或者说对快速热点的运营，就是你要让用户感知到这个地方是热的。（Z3）

第三，人通过多种方式驯化算法，甚至在某些方面可以违背算法自身的技术逻辑。如，人制定算法对信息监测和评估的指标，干预算法的推荐排序和被分发到新闻的受众群体，限制算法只能生产某些特定领域的新闻内容，制定算法审核的过滤机制等。从人的主体性角度来说，算法由人来创造，其目的是为了更好地服务于人的生产实践。

与此对应的是，算法在与人组成的网络中同样彰显出其自主性特征。

首先，算法自身的能动性是其自主性的重要表征。算法主要通过对大数据的监测、对信息热度的评估、与用户的互动、积累用户反馈，使得自身的推荐能力得到优化；同时，算法实现了自动化写作。这两方面均展现出算法的能动性。

以腾讯新闻为例，在信息监测和评估方面，

> 我们有一个后台，我们能看到他们都发了些什么东西。还有一个类似于中台一样的存在，它们会去做内容的识别与理解，再把事件转化为热度值。如果我们发现某一个事情的热度快速升高，就意味着有大量的发文，可能这就是一个潜在的热点。（Z3）

在自动化写作方面，

> 算法会针对财经或者其他的部分自动写一些东西，这些东西部分是人、部分是机器写的，这对于读者其实是没有区分的。它是整个的

一套算法，先把数据都抓取过来，再自己把这些信息塞到某个框架里，然后形成一篇比较简单的文章。(Z3)

在与用户的互动方面，算法搭建了新闻分发者与受众之间的桥梁，使内容投放更加精准。算法根据预估的点击率，或者是用户点击后预估的停留时长、点赞分享等指标进行过滤，然后按照设定好的公式对过滤后的新闻进行指标评定并形成排序，再推荐给用户，之后会根据用户实际的行为修订预估的偏差，动态调整新闻推荐的排序。算法作为弱人工智能技术能够创造巨大的生产能力，原因就在于其在生产过程中排除了人的干扰，不必被人自身固有的肉体限制所局限，可以比人类个体劳动者更有效率也更持久地进行机械性的生产劳动。[1] 算法作为人的器官的延伸，也能够在互联网中广泛搜集信息进行识别和实时监测。

其次，算法自主性的另一个重要表现是其对人的"驯化"。无论新闻从业者对此持有怎样的态度，都不得不去了解算法的基本运行逻辑，以运用其更高效、更有质量地完成工作。这首先导致了工作流程的标准化，从业者不得不根据算法调整工作习惯，在一定程度上抑制了人的主体性和创造力。在整个算法系统中，技术产生了统一的标准，人在参与的过程中需要遵循这样的"技术律令"。其次是工作内容的程式化。一方面，新闻生产被精细地切割为多个部分，每个人只能完成自己负责的部分，"这也是让我觉得比较难受的地方，我甚至不能写什么评论性的东西，我写这个东西会被编辑改掉的。我试过一次，对突发的新闻做了一点分析，编辑就会跟我说不要这样子，因为会有人最后去分析这件事，我的就被改掉了"(Z1)。另一方面，人在进行新闻采写、审核和分发的过程中需要遵守严格的程序，新

---

[1] 胡斌. 弱人工智能时代引发的历史唯物主义新问题 [J]. 上海师范大学学报（哲学社会科学版），2019，48 (3)：108 - 115.

闻生产较之专业新闻时代更加机械，从业者成为新闻生产流水线上的"零部件"，从而使人产生价值危机："我感觉自己很像螺丝钉，觉得今年上班干的事情很无聊，也没有什么智力性的产出。我们每天干的都是些很机械的活，我很可能被机器取代。"（Z4）此外，人的工作痕迹高度数据化，人工涉及算法的工作过程都被算法自动记录，部分不涉及算法的工作也会以工作日报的方式存档。在新闻生产的"车间"中，算法在一定程度上可以被看做从业者行为的"指挥棒"。

显然，以上对人与算法技术的讨论并不意味着两者可以脱离语境分而论之，否则就容易陷入笛卡尔机械主义式的人机对立中。随着自动化技术的不断发展，人与机器所组成的系统需要不断提高"反馈"能力，才能真正将人与技术的效能最大化地发挥出来。从"器官投射"的视角来看，今天的人工智能技术并非带来劳动的异化，不管其结构如何精密复杂，自动化程度有多高，也"绝对只是器官的投射"而已。[1] 智能系统中的各种用于监测和推断人类行为的工具，也仅仅只是人的外化而已。所以，智能媒体再现了人体中枢神经系统处理信息和协调统一全身器官的功能，并参照人类器官发展出色、声、香、味、触等功能，从本质上也是"对人的大脑和感官的综合投射"[2]。借助人类器官的不断外化，整个有机系统在技术的加速发展中，需要不断调整内外协调和反馈能力，以应对环境带来的挑战，这对人和技术都提出要求。在器官投射过程中，人逐渐形成和深化了自我认知，再经过新一轮的投射和外化，人的认知通过大脑再次投射到作为外在器官的机器上。这便意味着，在创造世界的过程中"人在自己身上实现

① KAPP E. Elements of a philosophy of technology: on the evolutionary history of culture [M]. Minneapolis: University of Minnesota Press, 2018: 25.

② GLASSMAN M. An era of webs: technique, technology and the new cognitive revolution [J]. New ideas in psychology, 2012, 30 (3): 308-318.

了不断增长的自我意识"①。所以，作为器官的外化的人工智能技术不仅仅只是一种新型技术变革，也会让外在环境和社会文化发生变化，而人在新技术的使用过程中又会通过技艺的塑造来实现对身体与文化的调适。

第五节　超越人与技术

在对新闻生产实践的全方位考察后，我们可以发现，人与算法技术的互动不仅仅停留在表层的生产实践，还重构了新闻生产的底层逻辑。人与技术塑造出一套保证两者顺利交流的操作规范，在新闻生产实践中不断互动，并在这一过程中彼此驯化。这成为理解算法转向后新闻价值为何并且如何发生变迁的有效途径，同时也能从具体的实践语境中发现与证实两者的主体性特征。

那么，两者如何进行分工和互动呢？在算法实现层面，人与技术的共同努力使得新闻业产生"算法转向"。其中，人提供相关物质性基础、搭建不同平台之间的抓取规则和合作协议，同时为算法提供大量数据和互动反馈，使得算法能够提高信息监测和处理能力、写作能力和精准投放能力；算法则为新闻从业者制定符合其自身逻辑的操作规范，除此之外，从业者还需要了解算法基本的运行逻辑，将自身的需求转化为更加格式化和结构化、能被算法或至少是算法工程师理解的语言。在新闻生产层面，人与算法各自发挥能动性，在信息监测和获取、内容分析和写作、新闻审核和推送等方面相互配合，并通过高度结构化的、带有算法色彩的方式进行"交流"，两者呈现出深度合作和相互依赖的关系——都是信息源的维护者、内

---

① KAPP E. Elements of a philosophy of technology：on the evolutionary history of culture [M]. Minneapolis：University of Minnesota Press，2018：112.

容的生产者和新闻的"把关人"。在新闻价值层面，人与技术在新闻生产的效率方面有共同的追求，人对新闻的多维度价值期望又与技术纯粹的效率至上和数字理性存在一定张力。总的来说，人与算法共同创建和遵守了一套实践规则，并不断相互规训和适应。技术不再（也可能从未）仅仅作为人的辅助性角色而存在，而是逐渐走向新闻生产的核心地带，而人从台前走向"幕后"，并在一定程度上遮蔽了人的社会结构和权力关系等因素，营造出算法驱动新闻业发展的表象。

人与算法技术的合作越是深入，我们就应该越是认真地思考两者的关系。从新闻生产实践的流程来看，人与算法不是静态的、机械的结合，而是一种彼此不断适应、相互调整、共同发展的互动关系，两者为了新闻生产更高效、更符合预期而共同努力。一方面，这其中不可避免地产生隐形工人和算法黑箱等现象，进而引发权力的不平等关系、新闻生产的不透明以及伦理问题等，但若就此认为以上问题是由于技术引起的、可以通过改进技术而解决问题，也是片面的、乐观的理想主义观点。另一方面，正是人与技术的这种关系塑造了当前开放的、动态的"人机联姻"新闻生产新格局——相比于传统新闻编辑室内部结构稳定、权利明晰的新闻生产模式——而不是独立的人或算法。或者说，当前的新闻生产实践只有在人与算法的互动中才得以实现。两者的关系成为理解新闻生产的关键要素之一，同样，也应立足于人和算法技术之间的关系来重新思考数字时代的新闻价值。

从本体论层面看，无论是人类中心主义还是技术决定论，在人与技术二元对立的基础上针对当前新闻生产实践的解读都存在片面性。实践证明，算法主导新闻业只是表象，尽管悲观主义认为算法对人的"规训"使得人的能动性受到限制，但正是这个过程让新闻从业者的核心能力和不可替代性得以体现，且让与从业者相关的社会问题进一步突出。基于此，或许基特勒等学者所主张的网络关系本体论能够给我们提供新的视角：人与技术不断互动构成某种关系，只有在这种"共在"的关系之中，两者的主体性特征才能得以彰显。这摆脱了"主体-客体"之思维模式所带来的对技术和人的偏见，也避免了"人与算法是两个独立主体"的僵化的二元论观点。如此一来，我们可以更客观地看待人和技术之间的关系，理解当下的新闻生产实践，探索新闻业可能的更好的发展方向。

　　同样，当我们把视角从微观的智能新闻生产转向历史中技术发展的过程时也会发现，无论是卡普的器官投射思想、有机论还是控制论，都在强调人与技术的共生与共同发展的关系，是"一种综合的逻辑形式"。对于由各个器官所组成的智能新闻系统而言，"整体"才是核心问题。算法作为机器的基础，也仅仅"被用作有机体的一个功能来帮助精神实现在机器的功用以外的更高目标，从而将机器从预定的规则和功能中解放出来"[①]。人类与技术同时出现，人生产并且产生于器官的外化——工具，并且在回溯过程中认识自己，成为可以被发现和理解的对象。所以人与机器是相伴相生、共同进化的关系。随着技术的发展，二者的关系也会越来越紧密。[②] 技术的发展与人联系在一起，身体与机器也不断交融。所以本质上讲，自制造机器那一刻开始，人就已经成为后人类意义上的"赛博格"。技术呈现的是人本身，机器也是有机世界的一部分，在且只在对工具的使用中，人方才"发明了人类"，理解和实现了自我。[③]

　　技术的发展与制造反过来也会受限于人。同时，技术的发展改变着关联环境，进而影响人的行为。因此将技术与人当做有机整体来看的话，并

---

　　① 许煜. 递归与偶然 [M]. 苏子滢，译. 上海：华东师范大学出版社，2020：184.

　　② KAPP E. Elements of a philosophy of technology：on the evolutionary history of culture [M]. Minneapolis：University of Minnesota Press，2018：43－44.

　　③ 同②24.

不意味着二者是对等分裂的，而是让二者相互"纠缠""共生"和"协同"。在这个有机系统中，人仍然需要自洽地找到自己的位置，正如维纳给我们的警示：

> 任何一部为了制定决策的目的而制造出来的机器要是不具有决策能力的话，那它就会是一部思想完全僵化的机器。如果我们让这样的机器来决定我们的行动，那我们就该倒霉了，除非我们预先研究过它的活动规律，充分了解到它的所作所为都是按照我们能接受的原则来贯彻的！……虽然机器能够学习，能够在学习的基础上做出决策，但它无论如何也不会按照我们的意图去做出我们应该做出的或是我们可以接受的决策的。不了解这一点而把自己的责任推卸给机器的人，无论该机器能够学习与否，都意味着他把自己的责任交给天风，任其吹逝，然后发现，它骑在旋风的背上又回到了自己的身边。
>
> 我讲的是机器，但不限于那些具有铜脑铁骨的机器。当个体人被用做基本成员来编织成一个社会时，如果他们不能恰如其分地作为负责任的人，而只是作为齿轮、杠杆和连杆的话，那即使他们的原料是血是肉，实际上和金属并无什么区别。作为机器的一个元件来利用的东西，事实上就是机器的一个元件。①

此外，既然技术的发展投射自人，且与人相伴而行，那么也就意味着当技术出现问题时，人也需要进行相应的调整来进行应对。人通过对机器的使用而形成了相关的"技艺"（technique）——人类对"技术"（technology）的使用与理解方式②，进而调节人自身。技术是人与世界之间的媒介与

① 维纳. 人有人的用处［M］. 陈步，译. 北京：北京大学出版社，2019：165-166.
② GLASSMAN M. An era of webs: technique, technology and the new cognitive revolution［J］. New ideas in psychology，2012，30（3）：308-318.

联系，可被看做人与世界之外的"第三要素"（third element）①，不仅有助于人类对周围世界的反思和掌握，而且有助于人类的自我认识。技术媒介作为主体和环境之间的有效中介，为意识的出现（大脑的进化）、历史的开始、文明的衍生创造了条件。通过器官投射与系统控制不断实现人的外化与内化，技术在这个过程中便成为一个重要的媒介。在"器官投射"理论看来，人对自然的改造（外化）以及技术对人的影响（内化）这两个相互关联的过程从来都不是一个独立的技术问题，而是通过"作为操作的文化"而实现的。② 这种连接了技术与人（首先是作为个体，其次作为群体的文化）的方式，便是所谓的"文化技艺"（Kulturtechnik）。

"文化技艺"作为德国媒介理论谱系中的关键概念，强调从文化操作和实践的角度来理解技术。基特勒在《话语网络 1800/1900》一书中提出这一概念时，将之界定为那些能够形成群体性差异、具有文化"培育性"的文化操作实践。而这些操作实践本身以更加贴近身体体验的方式，培育了一种具有群体区分性的技艺③，即文化技艺。在基特勒眼中，古希腊的"技术物"诸如音乐、字母、算数、语言，皆可被称为"文化技艺"。这些技术的共同特征是一种泛在意义上的"非媒介"，并强调非技术与人的身体的在场及参与；人和媒介统一在自然的文化经验中，且"先验"的技艺实践在前，而后才有了具体技艺的命名。这其中，人的身体和掌握的技术是一种"共在"的关系，接近于德布雷所言的"文化和技术通过知识的所有附加因素

---

① ZIELINSKI S. A Media-Archaeological postscript to the translation of Ernst KAPP's elements of a philosophy of technology (1877) ［M］//KAPP, E. Elements of a philosophy of technology: on the evolutionary history of culture. Minneapolis: University of Minnesota Press, 2018: 251 - 266.

② KIRKWOOD, J, WEATHERBY L. Operations of culture: Ernst KAPP's philosophy of technology ［J］. Grey room (2018a): 6 - 15.

③ KITTLER, F. Discourse networks 1800/1900 ［M］. CA: Stanford University Press, 1990.

形成了不可分离的整体"①。也有学者认为，古希腊的文化技艺泛指自然意义上的媒介，媒介是无意识的存在，或是不为人所意识到的技术手段，媒介隐含在自然之中，只有当新的媒介技术重构人的经验之时，它才会被意识到。②基特勒意义上的文化技艺注重探讨技术的使用如何影响人的认知，技术如何建构人的主体性，并从本体论的视角来分析媒介在信息的存储、处理和运输上的作用。③

"文化技艺"一词的含义经历了多次演变。19世纪70年代，"文化技艺"特指德国乡村和环境的改善程序（amelioration procedures），如排水灌溉、平整河床、修整栅栏④等，是一系列将自然和文化相区分开的操作和技术。20世纪70年代，"文化技艺"在教育领域被赋予新内涵，指一种阅读、书写、运算等素养能力，这些能力将人们从自然中剥离出来，以完成对自我的"教化"过程，即基特勒所理解的"文化技艺"。再到后来，"文化技艺"的概念越来越指向某些适应新媒介生态所必需的可操作性技能，它不只局限于单纯的技术领域，更内化在人的成长过程中，成为一套完整的编排、处理、再生产知识和经验的实践过程，体现为一种"媒介能力"（media competence）。到20世纪80年代，在德国兴起的媒介与文学研究开始关注那些被遮蔽的、不显眼的知识技术（如索引卡和打字机）、不可分类的媒介（如留声机和邮票）、规训技术（如语言习得），并以此代替了对文学文本的分析；这些侧重媒介物质性或技术性角度的分析将上述媒介事件、符号操作、语言和文化习得过程渐渐聚拢，形成了我们今日所言的"文化技艺"概念。⑤

---

① 德布雷. 媒介学引论 [M]. 刘文玲, 译. 北京：中国传媒大学出版社，2014：54.

② 郭小安, 赵海明. 媒介的演替与人的"主体性"递归：基特勒的媒介本体论思想及审思 [J]. 国际新闻界, 2021 (6)：38-54.

③ KITTLER, F. Towards an ontology of media [J]. Theory, culture & society, 2009, 26 (2-3)：23-31.

④ WINTHROP-YONG, G. Cultural techniques: preliminary remarks [J]. Theory culture & society, 2013, 30 (6)：3-19.

⑤ SIEGERT, B. Cultural techniques: on the end of the intellectual postwar era in German media theory [J]. Theory culture & society, 2013, 30 (6)：48-65.

后续的学者在基特勒的基础上将文化技艺看做"一种运作性链条，存在于人与物的关联方式之中，借助它，意义和现实得以存续"①。这一概念注重从文化操作和实践的角度来理解媒介技术，对于媒介研究的物质性转向和人类中心主义的破除具有重要意义，人们依此不仅思考媒介技术如何使人类文明不断生成新的存在方式，而且试图将"行动者"（actors）、"器物"（artifacts）与"技艺"（techniques）三者之间串联成为一个复杂的操作链（chains of operation）。② 文化不是先于技术而存在的，人类和技术共同进化。不同于作为实体的技术物，文化技艺是一条赋予操作以"稳定性和适应性"的链条，这种"程序链"和"连接技术"产生了各种文化概念。③ 通过将"行动者"（actors）、"器物"（artifacts）与"技艺"（techniques）三者之间串联成为一个复杂的操作链，文化技艺理论将人们熟悉的"媒介"分解为一个操作网络，这一网络可复制、置换、处理和反映特定文化的基本区别，研究者可借此观察"技术物和它们所属的配置或构成它们的操作链"如何"存在于人与物的关联方式之中"，"意义和现实"如何"借助它得以存续"④。

如果从文化技艺的视角来看的话，新闻业的发展历程也是人与媒介技术之间彼此驯化不断融合，从而形成特定的"文化技艺"的过程。新媒介技术带来的是新的新闻操作流程，而特定媒介技术条件下的新闻生产总保持其独特的技术阶段特征。例如，在电报技术开始被广泛运用到新闻传播中以后，信息的传递速度实现了质的飞跃，新闻的内容也从原来以本地新

---

① SIEGERT，B. Cultural techniques：grids，filters，doors，and other articulations of the real [M]. New York：Fordham University Press，2015.

② 于成，徐生权. 德国媒介理论中的文化技艺概念 [N]. 中国社会科学报，2019 - 05 - 28（06）.

③ WINTHROP-YOUNG G. Cultural techniques：preliminary remarks [J]. Theory，culture & society，2013，30（6）.

④ 同①11 - 18.

闻为主开始关注国际新闻，导致本地新闻和那些没有时效性的新闻失去了在报纸上的中心位置。当整个行业为了寻求信息传递的速度而普遍使用电报时，信息变得比信息来源更加重要，截稿时间越来越成为制约新闻的首要因素，"报纸的财富不再取决于新闻的质量或用途，而是取决于这些新闻来源地的遥远程度和获取的速度"①。同时，由于19世纪的电报技术主要由军方掌控，而且信号不稳定，新闻稿件有时不能被完全传送，因而也产生了按事情的重要性依次写下去、最重要的写在开头的"倒金字塔"新闻体例，再加上电报费用高等因素，短小的、能够及时传递信息的"消息"也成为这个时代的主要新闻形式。这些基于电报的信息传播特点深刻影响着记者的新闻实践，他们也开始在新闻的开头加入"×××电"或"本报讯"等电头形式，并且训练自己尽可能以有限的篇幅来将新闻事件陈述清楚。技术的普遍使用通常还会造成单一、标准化的结果。1866年大西洋海底电缆铺设完成成为19世纪"最煊赫的壮举"，欧洲与美国之间的信息互通变得更为迅捷，这加剧了全球新闻市场的竞争，四大通讯社开始瓜分世界新闻市场，主要的新闻都来自这些大社，而新闻的内容和体裁也呈现出工业化社会的标准化、同步化特征。

在数字智能时代，数字化和平台化技术要求人们在新闻生产过程中对接端口、连接平台，整体的操作流程也发生了彻底的改变。正如我们在第二章和本章前半部分所分析的，这些技术平台内容输入的方式和操作流程都有特别的规定，以至于负责内容和技术的两个团队经常"打架"，因为新闻的内容逻辑和算法的技术逻辑之间时有不同。传统媒体的记者需要学习基本的编程语言、大数据运算和以数字可视化方式呈现内容的技巧。特别是在平台的商业化逻辑下，以流量为标准的绩效考核方式又促逼内容生产

---

① 波兹曼．娱乐至死［M］．章艳，译．北京：中信出版社，2015：83.

者去顺应一些特定的技术标准，在标题制作、内容提要、视频剪辑等方面更加符合数字智能时代的传播特点。在新闻内容选取、价值判断等方面，人都在适应技术的发展，从而在实现人机融合的过程中也形成一整套的"文化技艺"操作链。

数字智能技术的兴起改变了对人的身体技能的要求，除了赴新闻现场进行现场资料搜集外，内容生产几乎变成了在计算机前进行的劳作。在身体与机器的协作中，广义上的新闻生产者（包括非专业新闻制作者、内容审核人员、程序员、设计美工、产品经理等）不仅进入并同步构成了不同的操作链，而且不断参与到新闻生产操作链的异变中。可以说，数字智能技术正在改变着人的身体和认知，以及与新闻生产相关的操作流程乃至社会文化。

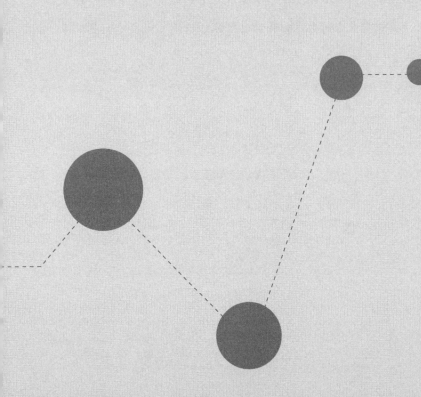

第四章

重构智能时代新闻生产与传播关系网络

● 新闻传播的过程其实是符号在人与技术所构建的中介性关系网络中被物质化的过程。

● 从物质性的视角来重构新闻生产和传播的关系，充分发挥了数据作为技术物的媒介本体论思想在数字时代的诠释力，不仅在理解新技术条件下的人与技术之间的关系上提供了富有创见的视角，还能通过创建中介社会传播模型来分析数字时代互动性强、传播主体多元和多级传播的特点。

在平台化新闻生产过程中，平台凭借其强大的数据技术能力将世界上众多之前没有被量化过的事物转化为数据，并且通过具有高度选择性的、智能操控能力的网络化连接来重塑社会。① 从这个角度来看，新闻平台成为各种新技术的汇聚场，其重要特征是数据化，即新闻内容通过数据的方式被生产、分析、筛选、储存和传递。

在这个过程中，传统新闻生产的过程和新闻编辑室的结构、运作逻辑以及新闻生产者的角色都已经彻底改变：首先，个人用户、机构用户和合作信源方等不同来源的新闻信息在这里经过加工后，再经由高度智能化、具有强烈操控性特征的算法分发给多元化的用户，这使得整个新闻生产流程在发生变化的同时，也让新闻生产与传播流程变得无法分离。其次，新闻生产和传播的流程都同时被纳入平台系统，算法、数据存储系统、打标签的人和审核人等硬件和软件也都需要纳入媒介系统进行考察。最后，平台中的专业与非专业用户生成内容不仅让生产者和传播者之间的角色边界变得更加模糊，也为二者的身份互换提供了可能，而借助平台所进行的新闻推动和传播，也打破了过去较为单一的大众传播模式，在社交朋友圈内以人际传播的方式进行多级扩散。用户还可以通过点赞和转发等互动形式参与到新闻的传播过程中，这不仅增加了新闻信息的反馈方式，还进一步增强了用户的互动性。

算法和智能技术的加入进一步打破了以人为中心的新闻生产模式，让人与技术都共同融入平台系统中协同运作。智能时代的新闻传播，已经突破传统媒体时代的大众传播模式，呈现出新的传播格局。因而，在新闻平台化的条件下，作为技术的算法和作为基础设施的平台工具已经融合到新闻生产中，逐渐改变着新闻传播的结构，使得技术、物和人共同参与其

---

① VAN DIJCK J，POELL T，DE WAAL M. The platform society：public values in a connective world ［M］. New York：Oxford University Press，2018：33.

中，并在新闻的生产和消费中建立了一种去人类中心的媒介网络，共同建构着一种新型新闻生产关系。这种新型的新闻生产关系，如果从**"社会性-物质性"**角度进一步进行分析，其非人类中心主义的特点就会更加凸显出来。

技术本身既包含着物质属性，也具有社会属性。一项新技术从发明之后在社会中产生影响，是技术本身不断融入社会的结果。因此，新闻平台化过程中涉及的技术，已不仅仅只是电脑中由代码所组成的算法，或者只是如何制作纸张和印刷字体等方法过程，而是一整套**网络体系**。在这里，按照兰登·温纳的观点，技术的概念包含三个层面：首先，它是一种装置（apparatus），对应着工具（tools）、仪器（instrument）、机械（machines）、用具（appliance）、武器（weapons）和小器件（gadget）等。其次，技术也指向技术性的活动（technical activities），即人们完成某件事情所需要的技巧（skills）、方法（methods）、程序（procedures）和惯例（routine）。最后，技术是一种网络（network），这个网络将人与装置连接起来，构成一个巨大的系统。[①] 在数字化新闻生产过程中，仅仅依靠装置或者工具是无法完成内容的采编和分发的，人和装置在其中都起到重要的作用。而数字技术将人与作为装置的新闻平台连接起来，构成一张结构紧密的网络。

这一章从媒介物质性研究的基本思路出发，将新闻生产流程看做**媒介技术中介下的数据流动过程**，并将对数据流动过程的考察从新闻生产延展到新闻传播流程。基于物质性视角下媒介的中介性特质，以及第二、第三两章从宏观到微观层面对新闻实践的考察，这一章将在理论上建构符合智能时代新闻传播特征的中介社会传播模式，即将人与技术共同组成的中介

---

① 温纳. 自主性技术：作为政治思想主题的失控技术［M］. 杨海燕，译. 北京：北京大学出版社，2014：8-9.

系统视为传播的中心，数据在传播者和目标对象中流动并伴随着新闻生产和传播的关系网进行扩散，以应对新媒体技术对新闻学研究范式带来的挑战。

第一节　数码物、新闻聚合与知识生产

最近一二十年中，在新的数字媒介技术的推动下，全球新闻产业都在经历高速平台化和数据化的过程。在这个过程中，传统媒介转换为数字化媒介，并且通过复杂的技术—物质—社会机制汇聚成高度网络化、数据化的新闻平台。根据何塞·范·迪克（José van Dijck）等广受关注的观点，平台是指用来组织用户的互动的可编程的基础设施（infrastructure）设计。[①]

这种新闻生产的技术网络体系具有高度的多元性、分散性和包容性，它既囊括了专业记者所需要具备的专业新闻采写技巧和方法，以及在记者编辑群体日常工作中所构成的惯例，也将媒体平台的基础设施、计算机设备、媒体记录的仪器设备纳入其中，它更将各类自媒体作者、多种来源的各类新闻与信息机构所开发的多元信息站点，都通过技术数据接口的方式整合起来。在这个过程中，数据平台最重要的目的是通过这个网络汇聚新闻类数据。因此在重新审视数字技术下的新闻学研究的时候，从以内容作为视角转变为**以数据作为视角**，则能够开启一个将作为传统新闻主体的人与作为物质的技术和数据之间相联系的新视角。人与物质共同构成了新闻生产的整个流程，形成一张"社会-物质"关系网。

[①] VAN DIJCK J，POELL T，DE WAAL M. The platform society：public values in a connective world ［M］. New York：Oxford University Press，2018：9.

从数据的角度出发思考新闻平台化背景下的新闻，可以从认识论的视角对大数据进行审视，进而重新思考**作为客体物存在的数据**在新闻学研究中所扮演的角色。从新闻发展的历史来看，数据新闻的概念并非近年来的创新，而是与记者长期以来使用统计数据、图表、计算机辅助报道等精确新闻报道的新闻实践相关联的。美国学者安德森（C. W. Anderson）提出大数据其实是一种"新闻导向物"（objects of Journalism-orientated），从本质上讲，大数据和传统新闻机构常用的数据库、调查报告和纸质文献一样，都是一种物质性的"客体"①。

"新闻导向物"的概念在理论上源于格拉汉姆·哈曼（Graham Harman）所提出的"物向本体论"概念。不同于大多数现代哲学所理解的"物体/客体"（object）作为"主体"（subject）的对立面而存在，这里的物体的使用范围更为广泛，不仅适用于实体的物质实体，还适用于人、动物、虚拟人物、数字和矛盾的实体（如方与圆）。②延续了海德格尔关于物体的思想，"物向本体论"强调物体在理解人与非人关系中的重要作用，认为在人类和非人类的直接接触中物体"退出"（withdraw）了，所以事物之间的关系总是间接的，必须加以解释，而不是想当然地假定和认为。将物的视角融入新闻学研究，可以进一步探究原本隐藏在新闻背后的数据、硬件和基础设施，在分析新闻内容的同时引入技术因素，解决当下新技术为新闻理论带来的挑战。

在数据作为一种物质性客体的基础上，许煜融合了海德格尔关于"物"和西蒙栋关于"技术物"的思想，从物的本体论角度发展出"数码物"的概念。数码物指形成于屏幕上或隐藏于电脑程序后端的物体，由受结构或

---

① ANDERSON C W. Between the unique and the pattern: historical tensions in our understanding of quantitative journalism [J]. Digital journalism, 2015, 3 (3): 349-363.

② HARMAN G. Object-oriented ontology (OOO) [EB/OL]. (2019-05-23) [2023-02-17]. Oxford research encyclopedia of literature. https://doi.org/10.1093/acrefore/978019 0201098. 013.997.

方案（schema，即元数据赋予语义或功能的结构）所管理的数据与元数据（有关数据的数据）组成。它们遍布于网络视频、图片、文字，以及社交媒体的个人主页上，既存在于电脑屏幕上让人可以与之互动，也存在于电脑程序的后端或者内部。① 数码物既包含着**数据的物化**——人通过屏幕、网络就变成一种数据，再通过屏幕映射成一种物的过程，也包含着**物的数据化**——通过标签将物体编码到数码环境中的过程。通过互联网所造就的语义网络，数码物所表示的不仅仅是物体本身，还是一种**关系**，从而实现人的思想与机器之间的协同运作。技术物的运作需要与外部环境发生关联而构成一种缔合环境（associate milieu）来提供系统恢复平衡的稳定功能。所以"技术物的存在方式在于它不同的网络化模式"②。从数码物的角度来看，人们目前所处的环境其实是由各种物体与用户组成的网络所建构的信息系统。而"物"（古德语 dinc）在海德格尔看来其本身就包含着聚合的意思，聚集了上帝、天堂、尘世、凡人四个层面的属性，成为融合了天、地、神、人四重维度的聚集物。③ 因而数码物将人与物聚合，建构了一种以数码物为中心的空间、时间和人之间的关系。在这种聚合中，内容并不是数码物的关键问题，真正重要的是关系，数码物的网络同时也是一种**关系网**。④ 技术物本身包含了周遭环境，也就包含了人的因素，从而也决定了媒介中人与人、时间和空间之间的关系等。例如，在众多新闻 App 的新闻推荐中，算法根据用户所处的地理位置或者好友关系来推荐新闻内容。Facebook 中的"时间轴"功能将用户个人发生的重要事件连接起来，或者新闻实时推送中

---

① 许煜 . 论数码物的存在 [M]. 李婉楠，译 . 上海：上海人民出版社，2019：2.

② 同①30 – 31.

③ 海德格尔 . 演讲与论文集 [M]. 孙周兴，译 . 北京：生活·读书·新知三联书店，2005：172 – 195.

④ 同①130.

按照时间先后来发布和更新新闻事件，这些事件都构成了数码物的时间本体①，以拓扑性时间的方式表达着不同物体的网络关系。数码物不仅参与到了这种新闻生产关系过程中，并且建构着一种新的新闻关系，进一步从物的角度诠释了媒介所建构的时间与空间关系。

将物的视角融入新闻学研究，可以进一步探究原本隐藏在新闻背后的数据、硬件和基础设施，在分析新闻内容的同时引入技术因素，解决当下新技术为新闻理论带来的挑战。循着物质性视角从知识生产的过程来看，新闻生产其实是一种社会聚合（assemblage）的过程，而采访写作的过程也是知识建构的过程。记者运用专业知识与技能，将"客体"——数据库、调查报告和纸质文档中的资料和证据——相关联起来。各种各样的知识碎片被聚合为新闻产品，而新闻故事也是诸如文档、访谈、数据和链接等社会的与物质的人造物所聚合出来的结果。所以从认识论上讲，数据并非传统意义上的客观事实，而是某种具有重要意义的"知识形式"②。

"物向本体论"的概念与拉图尔所提出的"行动者网络理论"（actor network theory，ANT）非常接近。因此新闻生产的过程其实是作为主体的新闻记者、编辑在建构事实的过程中将上述各种类型的客体关联在一起的过程。以新闻实践的方式，行动者（actor）和行动体（actant）之间形成了一张人与物的关系网。③ 在人与物所建构的这个网络中，作为媒介技术物的基础设施结构影响着新闻生产关系的建构。传统新闻传播过程中通常有三种把关：在"输入"环节控制有哪些信息可以进入新闻报道；在"输出"环

---

① 许煜. 论数码物的存在 [M]. 李婉楠，译. 上海：上海人民出版社，2019：168-169.

② "国内外新闻与传播前沿问题跟踪研究"课题组，殷乐. 大数据时代的新闻：个案、概念、评判 [J]. 新闻与传播研究，2015（10）：119-125.

③ LATOUR B. Reassembling the social：an introduction to actor-network-theory [M]. New York：Oxford University Press，2007；ANDERSON C W, DE MAEYER J. Objects of journalism and the news [J]. Journalism，2015，16（1）：3-9.

节控制哪些报道可以通过媒体被传播出去；在"互动"环节控制来自受众的读者来信或者反馈等如何被媒体再现。然而新媒介技术改变了媒介基础设施的结构，拓展了信息来源和可以发布的空间渠道。随着把关渠道的改变，传统的把关难以实现，媒体平台也不再完全为专业新闻生产者服务，新闻生产的参与主体变得更加多元。由此，记者和编辑等专业新闻生产者的功能从"把关"（gate-keeping）转化为"守望"（gate-watching），他们从把关决策唯一的决定者转变为重要影响者[①]，从而与部分受众以及算法共同影响新闻信息的筛选、储存与传输。新闻平台与图书馆的运作逻辑非常相似，记者和编辑在其中的功能类似图书馆员（liberians），一方面，他们要在特定知识的范围内选定适合发布的内容，从而根据受众所需将他们**引导**到正确的信息获取方向，这要求记者具有广泛的知识背景，然而他们并不能限定受众获取知识的渠道；另一方面，记者们也是特定领域的专家，掌握着该领域的前沿信息。[②]

新闻学研究的物质性视角为分析新技术条件下的新闻生产提供了一种关系本体论的视角，在融合了传统新闻对内容的关注后，进一步将分析重点导向作为客体物存在的数据，并以数据物为核心重新思考构成其周围环境的人与关系。这里需要澄清的是，新闻学研究的物质性的视角并非只强调物本身，而是以物作为本体、从物的视角去思考人与物共同构成的媒介关系网。这种去人类中心化的新闻学研究视角围绕媒介技术展开，也为重新审视新技术对新闻传播的影响、分析新技术带来的新闻传播现象开辟了一条"物质-社会"的路径。但是，技术在新闻传播中所起到的作用并非仅存于智能新闻的时代，而是自新闻诞生之日起，新闻生产便在人与物共同建构的媒介技术网络中运行。

---

① 白红义. 媒介社会学中的"把关"：一个经典理论的形成、演化与再造［J］. 南京社会科学，2020（1）：106-115.

② BRUNS A. Gatewatching：collaborative online news production［M］. Bern：Peter Lang，2005.

第二节 从大众传播向中介社会传播模式的转变

第一章和第二章介绍了基特勒的"物质性""媒介网络"概念和克莱默尔对媒介"中介性"特征的阐释，这些观点都主张从物质/技术的视角出发，将新闻生产流程中的人与技术物都纳入其中从而形成以关系为核心的媒介网络。同时，除了强调物及其所建构的关系网络在新闻生产中的作用之外，媒介的物质性还非常强调媒介的中介特征，媒体由此成为一个由人（社会组织）与技术共同构成的中介系统，社会也是由众多技术的中介（mediation of many techniques）所建构的。^① 在基特勒所强调的媒介本体的物质性的基础上，克莱默尔进一步发展了物质性的概念，认为在传播过程中，语言通过作为物质的媒介（例如书写、声音和手势等形式）与传播者的身体发生关联，从而被物质化了。^② 她引入认知科学的视角并将媒介的物质性与人的知觉关联起来，**从技术的物质性转而强调传播的物质性**，这就意味着，之前基特勒所强调的技术对媒介的决定作用已经被媒介的中介功能所取代。

克莱默尔尝试着放弃之前媒介研究将技术作为先决条件、技术形塑和决定媒介进程的思想，转而关注媒介的中介功能，由此提出**媒介性**（英文 mediality，德文 Medialität）的概念，认为所谓媒介性指精神世界的信息通过媒介被感知（wahrgenommen）和理解，媒介亦即感知。^③ 媒介性体现为

① LATOUR B. Pragmatogonies: a mythical account of how humans and nonhumans swap properties [J]. American behavioral scientist，1994，37（6）：791-808.

② KRÄMER S. Sprache, Sprechakt, Kommunikation Sprachtheoretische Positionen des 20. Jahrhunderts [M]. Frankfurt A. M.：Suhrkamp Verlag，2001.

③ 吴璟薇，曾国华，吴余劲. 人类、技术与媒介主体性：麦克卢汉、基特勒与克莱默尔媒介理论评析 [J]. 全球传媒学刊，2019，6（1）：3-17.

"技术/邮递模型"（postal model）和"人际/性合模型"（erotic model）。前者借用古希腊神话中赫耳墨斯的信使角色，认为早期的信使扮演着媒介的角色，信使在两人之间传递信息但是从不改变信息的内容；后者则认为媒介在中介过程中促进了两人的对话，从而实现了理解和融合。这两种模式在分析媒介性作为中介作用的本质特性时，都强调传播的二者之间存在差异，但前一种模型强调**传播是在空间和物理距离中建立关系**，虽然在交流中两人的个体差异无法消除，却反而能突出传播的对称性和间接性，从而凸显媒介作为传播过程中介的必要性；而后一种模型虽然消除了个体内部的差异，但当两人的差异得以消弭时，作为传播工具的媒介也就可以被忽略了，因此媒介处于外围地位。虽然这两种模型存在于各种传播和沟通中，但是克莱默尔更加强调技术/邮递模型，因为在其中**媒介是信息传递的必要前提**。

结合基特勒和克莱默尔对媒介物质性的思考，我们可以发现，新闻传播的过程其实是符号在人与技术所构建的中介性关系网络中被物质化的过程。如果说基特勒的技术物质性更强调新闻的生产过程的话，克莱默尔的传播的物质性则更加关注新闻的传播过程。数字媒介技术的发展使得新闻的生产和传播的过程越来越无法分离，生产者和传播者的角色发生互换，而技术也逐渐取代人的角色，在内容逻辑和技术逻辑的矛盾中共同建构着新闻关系网。

那么，在新闻学研究的物质性视角下，又该如何理解数字时代的人与技术、传播者与受众、媒介与社会的关系呢？以媒介的物质性和中介特征为基础，结合数据作为重要的物质在新闻传播中的作用，我们引入一种从数据的物质性视角出发，将人与技术、传者与受者融合的**中介社会传播模式**（mediated social communication，德语 sozial-zeit kommunikation），从而突破传统大众传播模式在分析新闻生产和传播中的限囿，建构符合数字时代的技术特征，更加强调对话、互动以及多元新闻传播主体的新闻传播模式。

从威尔伯·施拉姆（Wilbur Schramm）到丹尼斯·麦奎尔（Denis Mc-Quail）所建构起来的大众传播学体系，成为20世纪新闻传播研究的经典与核心领域。然而，进入数字化互联网时代以后，大众传播模式面临着巨大挑战，新的传播方式产生，传播者与受众之间的角色发生转变，传播学不再以探讨大众传播为核心议题，转而关注更广更深的领域。面临媒介技术不断革新所带来的巨大挑战和传播结构的改变，西方学者已经预言大众传播模式即将消亡①，在这一特殊时期需要探寻更加适合当下情境的理论模式来分析新媒体技术下新的传播情境，整个传播学理论研究领域也面临着巨大变革。美国的理论更加关注微观层面，关注大众传媒、受众和媒介效果研究；而德国的理论更加侧重宏观层面，关注媒介与社会的互动，此中的传播形式也更为多元。因此在数字时代，很多德国传播学者在20世纪70年代提出的传播理论，特别是中介社会传播理论仍然适用，甚至比大众传播理论更能解释目前信息传播者与接受者的互动关系。中介社会传播理论打破了大众传播理论相对单一的、被动的传播过程，从互动多元的视角来探讨传播参与者与媒体的关系，更加关注传播参与者作为传者和受者的多元角色转变，以及人在传播中所起的主动作用。这一模式不仅可以涵盖传统媒体时代的大众传播模式，而且适用于新媒体时代的社会化传播过程。它关注多元主体的参与互动，也更能跨越媒介技术变迁所带来的挑战，将传统媒体与新媒体技术下的传播进程放到同一模式下来分析。图4-1对比了大众传播模式与中介社会传播模式。

---

① TUROW J. Standpoint: on reconceptualizing 'mass communication' [J]. Journal of broadcasting & electronic media, 1992, 36: 105 - 110; CHAFFEE S H, METZGER M J. The end of mass communication? [J]. Mass communication & society, 2001, 4 (4): 365 - 379.

大众传播模式	中介社会传播模式
·受众接受信息，大众媒体传播和控制信息 ·将公众（public）与媒介组织/记者分开 ·信息传播就是传－受－反馈关系 ·传播者与媒体（记者）分开 ·记者和媒介组织作为"把关人"（gatekeeper），控制信息 ·受众是大众（mass），同质化群体 ·单一循环	□受众不仅接受信息，也传播信息，甚至也能控制信息（角色转换） □公众与媒介组织/记者同样都作为中介系统（gatewatcher） □信息传播是一个社会对话的过程 □记者与媒介组织都作为信息中介（mediator） □记者和媒介组织作为中介接收者可以是个人、组织，多元化群体 □多重循环（左—右），同样适用大众传播

图 4 - 1　大众传播模式与中介社会传播模式的对比

此外，在过去近 70 年中，大众传播理论认为传播仅是从传者到受者的单向传播过程，其中反馈极为有限。[①] 然而，Web 2.0 技术和社交媒体的到来已经打破了大众传播原本单向的、被动的传播格局。受众的角色也发生了质的改变，而原本作为信息"把关人"的记者也已经失去了他们的核心地位，受众也更多地参与到更加互动化的传播过程中。新闻传播和接收的过程也越来越接近对话的互动过程，受众同样可以生产新闻内容。[②] 在新的传播技术条件和传播文化下，需要重新思考传播过程和参与者的角色变迁。因此，相对于大众传播理论，中介社会传播理论更具生命力，也更符合媒介技术变迁中的传播过程研究。

中介社会传播理论的发展经历了三个阶段：（1）20 世纪 60 年代以前的

---

① SCHRAMM W. How communication works [J]. The process and effects of mass communication, 1954, 3：26；MCNELLY J T. Intermediary communicators in the international flow of news [J]. Journalism quarterly, 1959, 36 (1)：23 - 26；GREENBERG B S, SALWEN M B. Mass communication theory and research：concepts and models [M] //An integrated approach to communication theory and research. Abingdon：Routledge, 2014：75 - 88；MEADOWS M. Putting the citizen back into journalism [J]. Journalism, 2013, 14 (1)：43 - 60；NEUBERGER C. Konflikt, Konkurrenz und Kooperation：Interaktionsmodi in einer theorie der dynamischen netzwerköffentlichkeit [J]. M&K medien & kommunikationswissenschaft, 2014, 62 (4)：567 - 587.

② GILLMOR D. We the media：the rise of citizen journalists [J]. National civic review, 2004, 93 (3)：58 - 63.

发展初期，包括格鲁思（Groth）[①] 和阿斯韦鲁斯（Aswerus）[②] 的理论，主要关注报纸的传播模式；（2）20 世纪 60 至 90 年代的发展中期，这一时期比较有代表性的研究如哈特（Hardt）[③] 和皮提尔（Pietilä）[④] 的社会网络研究；（3）20 世纪 90 年代以后的发展成熟阶段，主要探讨新媒体时代的传播模式，以及记者和媒体（包括传统大众媒体和新媒体）在传播中的角色，代表人物包括瓦格纳（Wagner）[⑤] 和宣哈根（Schönhagen）[⑥]。

　　中介社会传播模式是德国学者在 20 世纪 70 年代针对大众传播理论所提出的，经过瓦格纳和宣哈根的发展，更加符合互联网时代新闻传播互动强、传播主体多元和多级传播的特点。在此基础上，我们融入数字时代的新闻的数据化特征，将新闻生产和传播的过程看做媒介技术中介下的数据流动过程，从而分析在中介传播模式中作为物的新闻数据如何将人与技术勾连起来并建构出新闻生产的中介系统，以及数据如何在不同新闻传播参与者之间流动，从而构建更加平等、互动的多元新闻内传播模式。如图 4-2 所示，中介社会传播模式分析的是新闻信息如何通过中介系统在传播参与者中间传播的，其所囊括的新闻传播现象既可以是传统大众传播时代的报纸、广播和电视等媒介形式，也可以对数字时代的新闻传播行为具有较强的解释力。图 4-2 中居中的

---

① GROTH O. Die zeitung: ein system der zeitungskunde（Journalistik）［M］. Mannheim: Bensheimer，1930.

② ASWERUS B. Zeitung und zeitschrift: das zeitgespräch der gesellschaft［J］. Die Zeitschrift，1953，3（8）：2-5.

③ HARDT H. Social theories of the press. constituents of communication research，1840s to 1920s［M］. Lanham，MD: Rowman & Littlefield，2001：47.

④ PIETILÄ V. On the highway of mass communication studies［M］. Cresskill: Hampton Press，2005：17.

⑤ WAGNER H. Das Fachstichwort: massenkommunikation［J］. O. Groth，Vermittelte Mitteilung，1998：187-240.

⑥ SCHÖNHAGEN P. Soziale kommunikation im internet: zur theorie und systematik computervermittelter kommunikation vor dem hintergrund der kommunikationsgeschichte［M］. Bern: P. Lang，2004.

中介系统对应着新闻生产，而左右两边的对称结构表示新闻传播的过程。

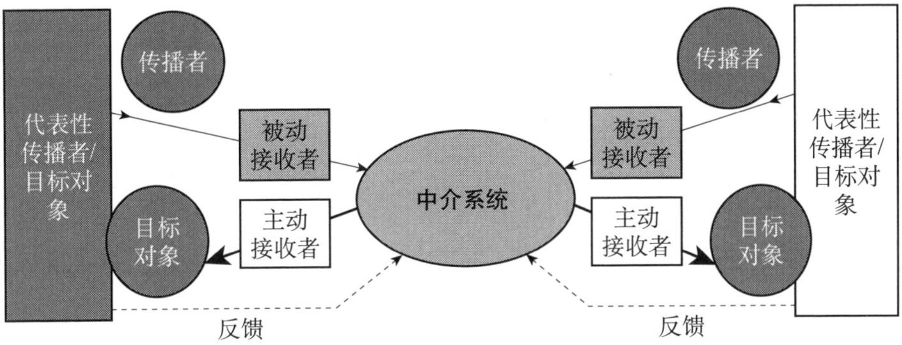

图 4 - 2　中介社会传播模式结构图

资料来源：WAGNER H. Das Fachstichwort：Massenkommunikation［J］. O. Groth, Vermittelte Mitteilung, 1998：187 - 240；SCHÖNHAGEN P. Soziale kommunikation im internet：zur theorie und systematik computervermittelter kommunikation vor dem hintergrund der kommunikationsgeschichte［M］. Bern：P. Lang, 2004：117 - 120.

　　其一，中介社会传播模式强调中介系统在新闻传播中的中心作用。 无论记者还是媒介组织都属于中介系统的一部分，都发挥着重要的中介作用。中介系统融合了人与技术的双重元素，既包含了在新闻生产中参与内容制作、分发和把关的人，也包含了作为技术物存在的数据和相关基础设施。人与技术、组织都被物质化为具有媒介性的中介系统。这一模式与传统的大众传播模式最大的区别在于受众的角色不同。大众传播模式认为传者和媒体是完全独立的，它们在传播进程中扮演不同的角色，因此只有记者和媒介组织才能在传播过程中搜集和传递信息。而中介社会传播模式将记者和媒介组织都纳入中介系统中，因为从本质上看二者都具有媒介性。媒介组织内部既包含作为成员的人，也包含影响新闻生产的数据。从物质性角度看，媒介组织就是一种融合了人与物质的装置。从第二章提到的广义新闻生产的视角来看，在中介系统中，记者和编辑的功能也从"把关"转换为"守望"，将不同的数据进行处理与聚合，并与算法一同决定着数据的筛选、存储与传播。

其二，传者和受者的角色是可以不断转变的，受众不再仅仅被动地接受信息。在中介系统之外还存在着传播者（output partner，德语 ausgangpartener，即信源）和目标对象（target partner，德语 zilepartner，即接受者），二者分别负责制造和接受信息。图 4-2 的左半部分的内侧代表一个循环内的流动，即信息从传播者流向目标对象。在智能新闻时代，这里的信息即可理解为作为数码物的数据。信息在传播者发布之后，经过中介系统流向目标对象。在这个过程中，中介社会传播模式进一步区分了主动和被动接收者，这样的区分在智能新闻时代尤其具有重要意义，因为新闻信息的传递目标既包含着传统媒体中被动接收信息的大众，或者通过新闻 App 平台的用户数据被识别为具有潜在兴趣的用户，同时也涵盖着通过社交媒体来订阅和关注新闻内容的用户。为了突出传播者的异质性，中介社会传播模式还进一步区分了代表性的目标对象。在传播过程中，并不是每个人都能够接收到信息，因为那些对信息不感兴趣的人会主动选择忽略，或者通过算法的把关，数据也只能流向根据用户兴趣所制定的标签中所表示的特定目标群体。所以，最终接收到传播者发出的信息的人仅仅只是代表性目标对象而不是所有的目标对象。这些代表性目标对象在下一轮传播开始时就会转换为代表性传播者。智能新闻时代的分享性（shareability）成为新闻价值的重要构成要素。① 社交媒体中，用户阅读某些信息后便会主动分享，从而开启下一轮新闻传播流程，其身份也会从代表性目标对象转换为代表性传播者。

此外，图 4-2 中的"代表性传播者"还包含了那些代表某些社会群体发声的人，例如新闻发言人②或者某些新媒体大 V。最后，中介社会传播模

---

① HARCUP T, O'NEILL D. What is news? news values revisited（again）[J]. Journalism studies, 2017, 18（12）: 1470-1488.

② BECK K. Kommunikationswissenschaft [M]. Stuttgart: UTB, 2007.

式也强调传播过程中的信息的反馈，受众的反馈信息（包括传统的读者来信或者数字时代用户的反馈数据）通过中介系统再次被传递给传播者。在数字平台上，这些反馈与数据也决定着用户未来将会被系统推送什么样的新闻内容。在新闻传播的流程中，数据通过中介系统从传播者流向目标对象，再通过中介系统反馈给传播者，从而形成数据的闭合循环。

其三，左右两部分的对称结构表明，在这一过程中的信息传递不仅仅只有一轮，而是可以不断循环往复的，新闻传播行为是多层次的。这一过程非常符合数字时代的网络传播特点，伴随着数据在传播者和目标对象之间的流动和多级循环，数据沿着网络所构成的网状路径扩散开来。

中介社会传播理论打破了大众传播理论相对单一的、被动的传播过程，更加关注传播参与者作为传者和受者的多元角色转变，以及人与技术在传播中所起的主动作用，从互动多元的视角来探讨传播参与者与媒体的关系。这一理论模式不仅可以涵盖传统媒体时代的大众传播模式（纸媒时代的信息形式为文字；电子时代的信息形式为电子信号；数字时代的信息形式为数据），而且适用于新媒体时代的社会化传播过程。它能跨越媒介技术变迁所带来的挑战，将传统媒体与新媒体技术下的新闻传播流程都放到同一模式下进行分析。中介社会传播模式最大的特点在于：第一，改变了大众传播单一、被动的受众角色。信息的传播者和目标对象的角色是随时在发生变化的，在某个传播过程中，某个个体可以扮演传播者的角色，但是在另一个传播过程中，他也可以扮演目标对象的角色。因此，传播参与者在传播过程中同时具有主动和被动的特点。第二，中介社会传播模式强调传播的互动与信息的多重传递，信息的传递不仅仅只有一轮，而是在传播者和目标对象之间多次传递，这一点尤其适用于分析社交网络中的信息传递过程。所以，这一模式基于媒介的物质性和中介性，更加适用于数字化时代的多元的、主动的、以人和物共同构成的新闻关系网络为载体的数据传播过程。

第三节　智能新闻生产与传播关系网络

新媒介技术的发展推动着数字时代的新闻学的研究将内容转向技术，重构了人与媒介技术的关系、新闻生产和传播的关系。基于物质性理论的视角，我们将新闻研究的中心从人转变为物，并把隐匿在新闻内容和平台背后的物——数据重新揭示出来，新闻生产流程正是媒介技术中介下的数据流动过程。但是，物质性视角并不意味着"以物观物"，而是把关注点落在围绕着数据物所产生的新闻环境和社会关系上，从而重新审视媒介如何决定人的处境。数据在其中作为物的存在，将人与作为装置的新闻平台连接起来，构成以关系为核心的"社会-物质"网络。在这个网络中，尽管新闻生产的内容逻辑与技术逻辑发生着众多的碰撞，媒介技术也体现出一定的自主性，但人与物之间最终通过媒介网络而凝结成媒介系统，技术也需要与人共同建构媒介网络才能发挥作用，从而实现人与技术、思想与机器之间的协同运作。

在人与技术协同运作的媒介系统中，物质性的媒介发挥着中介作用，连接着传播者和接受者双方，并在空间和物理中建立起二者的关系，语言等符号形式作为物质的媒介而被物质化了，中介性成为媒介的物质性的重要特征。基于物质性视角下将数据作为技术物和媒介的中介性特质，数字时代的中介社会传播模式将人与物共同建构出的中介系统视为传播的中心，信息以数据的形式聚合在由算法和记者共同组成的关系网中，并在传播者和目标对象中循环流动，并随新闻生产和传播的关系网扩散。

从理论范式的构建上，本章选取了物质性理论中与数字媒体相关的部分，试图在下述三点进行理论上的突破：一是立足于数据，将物的概念融入智能新闻生产来理解人与物的关系，从数据的本质来分析新闻生产和传播的本质；二是在人与数据物所共同建构的新闻关系网中，通过媒介网络理论来分析技术的自主性如何与人的逻辑融合成媒介网络，从而应对新技术对新闻从业人员带来的挑战，建构人与物协同运作的媒介系统；三是在物质性所强调的技术特性和媒介的中介性基础上，将中介社会传播模式融入智能新闻情境，结合数字媒体的特征来建构新闻生产和传播模式，并将数据的流动作为该模式的运作机制，进而分析数据在中介系统内容部分如何影响新闻生产和重构人与技术的关系，在外部如何重构传播参与者的关系和传播结构。

从物质性的视角来重构新闻生产和传播的关系，充分发挥了数据作为技术物的媒介本体论思想在数字时代的诠释力，不仅在理解新技术条件下的人与技术之间的关系上提供了富有创见的视角，还能通过创建中介社会传播模型来分析数字时代互动性强、传播主体多元和多级传播的特点。新闻学研究的物质性视角将研究对象从内容转变为技术，重新审视技术在媒介发展和社会变迁中的重要作用。但是，这种视角并不等同于技术决定论，因为它将技术置于人与物共同建构的媒介环境中，正如基特勒所指出的，作为技术的媒介物决定了人的情境，而真正发挥作用的是这种情境，技术的影响力也需要在与人共同建构的媒介网络中才能发挥；也正如许煜所强调的，技术物也需要缔合环境来维持与外部环境之间的关联和平衡。所以，媒介技术或者技术物，在新闻生产和传播过程中提供的是一种情境，或者一种环境，在其中需要人与物协同运作，需要内容逻辑与技术逻辑协调发展，才能推进整个新闻体系的有序发展。

此外，从技术视角来反思新闻生产和传播流程并非是近年研究的一种创新，而只是一种理论回归。这种回归从理论上讲，远可以追溯到19世纪中期以来技术哲学的探讨，近可以回溯至哈罗德·伊尼斯（Harold Adams

Innis）和麦克卢汉等对媒介技术的探讨；而从历史上讲，技术对新闻的影响贯穿着整个新闻行业发展的历史，乃至人类信息传播的历史。从口语到文字，从书写到印刷，再从纸张到电子屏幕，每次媒介技术革新都会带来语言符号系统、媒介形态、新闻生产关系和社会权力关系的变革。历史是延续的，数字时代的变革亦是如此，因此新媒介技术所带来的改变也并非完全脱离媒介发展的规律。物质性视角所带来的新闻学研究范式转向，是将宏观视角的媒介理论融入更加关注微观层面的新闻实践，重新审视技术因素对新闻传播媒介的影响，这将赋予新闻学研究更为宏观的视角和更强的理论解释力。

第五章

数字智能时代
新闻价值的变迁

● 在不同的技术条件下，新闻价值标准及每个标准对新闻的重要程度都处于不断变化的状态。

● 媒介本体论从物质性的视角来探讨基础设施对媒介的时间、空间和相关关系的影响，并进一步探讨技术对新闻价值判断标准带来的影响。基础设施决定着新闻信息的传播速度，继而影响媒介的时间和空间关系。

● 数字智能时代新闻价值的判断与评价体系依然建立在经典新闻价值要素的基础上。

● 数字智能时代新闻价值的构建路径有两种：其一是新闻"价值客体"的拓展与革新，其二是人作为新闻"价值主体"地位的凸显。

大数据和人工智能技术深度嵌入新闻生产和传播过程中，在改变新闻行业的同时也使新闻的内涵与新闻价值发生了变化。互联网在全球的普及使得各地新闻信息的传输实现了零差异，新闻时效性的影响力开始减弱，当下媒体为提前 0.1 秒发布新闻而争分夺秒的情况，已经不如电视时代那样普遍。全球也因为互联网的连接而实现了时间上的"共时"与空间上的"共在"。

随着时效性在新闻价值中的影响力逐渐降低，新闻的相关性却因为新媒介技术而被提升到前所未有的高度，新闻成为一种因计算机语言的逻辑关联而产生的结果。智能技术的算法推荐将新闻内容转化为数据，根据数据符号所代表的语义进行切分和关联，并在关联结果的基础上追踪用户的使用行为特征和进行内容推荐，从而也改变着与新闻价值相关联的因素。从新闻行业的发展历程来看，"什么在决定新闻"这一经典议题一直都与媒介技术的发展紧密相连，新闻价值标准的变化也并非数字智能时代特有的现象，而是伴随着媒介技术的变迁进行的。[①]

在不同的技术条件下，新闻价值标准及每个标准对新闻的重要程度都处于不断变化的状态，其中受影响最大的便是**时效性**与**相关性**：在以邮驿和人传递信息的书写和印刷媒介时代，由于受限于传播速度，事件的发生与受众的接收之间间隔时间比较长，时效性对于新闻传播虽然有重要意义，但是对新闻价值的影响并不大；自从电报发明以后，传播速度获得了惊人的突破，新闻的时效性也开始成为各家媒体竞争的目标，各家媒体不断争分夺秒抢发新闻；此后的传真、电话，抑或互联网都是电报技术的进一步发展。伴随着电缆和光纤在世界各地遍布开来，新闻事件的发生、报道和

---

① 胡翼青，李子超 . 重塑新闻价值：基于技术哲学的思考 [J]. 青年记者，2017（4）：11 - 13.

接收之间的时间和空间被深度关联了起来，光速传播实现了上述三者在空间和时间上的零差异，也让强调差异的时效性渐渐淡出竞争舞台。更为重要的是，互联网本身是一张**聚合**了不同的人和事物的关系网。通过计算机语义关系的处理，新闻内容被转化为数据并通过算法进行关联。新媒介技术造就的不仅仅是新闻时效性的降低、相关性的增加，更是新闻概念的泛化，新闻与资讯之间的边界日益淡化。从本质上来说，通过计算机语义关系所建构的新闻是一种技术逻辑的结果，因其关联的范围远远超过传统媒体时代，新闻价值的判断标准也发生了巨大改变。

本章基于技术的视角，分别从理论性的思辨阐释以及对新闻工作者的调研入手，从宏观到微观分析数字智能时代新闻价值的变迁。

思辨部分从**媒介本体论**出发，探讨数字智能时代的新闻价值在时效性和相关性上是如何变化的，媒介技术的发展变迁对新闻的时间、空间和相关关系具有什么样的影响，又如何理解数字智能时代的新闻价值；通过分析媒介技术的实体——基础设施所建立的时间、空间，以及事物之间的关联，人们可以进一步理解**技术是如何影响新闻内容和新闻价值**的。数字化或者算法化的新闻意味着人们必须依赖基础设施，并通过它们来生活，而这些基础设施本身又受到更深层次的数据基础设施的监控、维护和控制。①从基础设施和数码物的物质性视角出发审视技术对媒介的时间性和相关性带来的影响，则能够在新技术环境下深切认知新闻价值的变迁。在此基础上，我们进一步探讨人与技术的关系及二者如何影响新闻的生产和传播，进而考察数字智能时代新闻的变革。

实证部分基于德尔菲法，首先整合近年国内外新闻价值相关文献确立

---

① STINE K，VOLMAR A. Infrastructures of time：an introduction to hardwired temporalities［M］//AXEL V，KYLE S. Media infrastructures and the politics of digital time：essays on hardwired temporalities. Amsterdam：Amsterdam University Press，2021：9-37.

的 33 条新闻价值指标，随后对来自不同类型媒体的共 36 位新闻工作者展开
函询与访谈，在微观上探讨数字智能时代的传统新闻价值出现哪些转向，
哪些新兴的新闻价值在中国新闻实践中得到认可，又有哪些因素影响新闻
工作者对新闻价值的判断。

第一节　基础设施与新闻的时空变迁

不同媒介技术条件下的基础设施决定着新闻信息传播的速度，以及时
间与空间的关联。时间性是基础设施的核心问题，并且决定着空间。[①] 纵观
媒介技术的发展历程，我们可以清晰地看到信息传播的速度如何影响媒介
的时间性与信息在地理空间层面的关系，以及时效性在新闻价值判断标准
中的地位是如何变化的。出版和传递的周期决定了新闻的时间性。纸质媒
介时代的新闻主要通过人力、马车、铁路、轮船等交通运输系统，传播速
度慢，从事件发生到传播对象接收的过程也非常漫长，少则几日，多则几
个月甚至半年。因此，电子时代以前的新闻生产建立在延迟性的基础上，
事件从发生、报道到接收之间存在的时间差决定着新闻的价值。[②] 报纸的本
质是"日历上的巧合"，因为日报上所有的新闻故事的共同点是它们都发生
在昨天。[③] 定期（Periodizität）和新近、普遍、公开一同构成报纸的四大重

---

① STINE K，VOLMAR A. Infrastructures of time：an introduction to hardwired temporalities
［M］//AXEL V，KYLE S. Media infrastructures and the politics of digital time：essays on hardwired
temporalities. Amsterdam：Amsterdam University Press，2021：9 - 37.

② 胡翼青，李子超. 重塑新闻价值：基于技术哲学的思考［J］. 青年记者，2017（4）：11 -
13.

③ PETERS J D. Introduction：Friedrich Kittler's light shows［J］. Friedrich Kittler，Optical
Media，2010：1 - 17.

要特征。① 在世界上报刊起源最早的德国，"报纸"（Zeitung）一词在意义上表示的就是"时间化"②，而杂志（Zeitschrift）也是"时间"（Zeit）和"文字"（Schrift）的组合③。相似的是，在我国的近代新闻实践中，戈公振也把"定期性"看做报纸的重要特征，在特定的时间间隔内新闻的公开过程不断地有规律地重复着。④ 然而，无线电的发明开启了人类信息传播的新时代，媒介的基础设施和传播速度彻底发生变革，从而也改变了时效性在新闻传播中的地位。产生于 19 世纪的电报技术则彻底打破了新闻的传播格局。自此以后，人类社会进入了声光电的时代，并因此带来了政治、经济、社会与文化方面的巨大变迁。信息以光的速度在世界范围内传输，无论物理距离相隔多远，都能够实现"共时"与空间上的"共在"。遍布于各地的电缆在高速传递信息的同时，也让符号的流动不再受到交通的局限。电报的发明第一次让信息传输在技术上摆脱了对物理交通的依赖，远远超过了书写和印刷文字的传播能力，也将传播从地理局限中解放了出来。⑤ 新技术不仅仅带来了关于时间和空间的新体验，也因为传播所建立的新的连接使事物之间产生更多的新关联。

对于新闻行业而言，电报和遍布于各地的电缆也使本地新闻和那些没有时效性的新闻失去了在报纸上的中心位置。⑥ "报纸的财富不再取决于新闻的质量或用途，而是取决于这些新闻来源地的遥远程度和获取的速度。"⑦当时，电缆所铺设的范围和发布信息的费用还比较高，尚属于竞争性资源，

① PÜRER H，RAABE J. Presse in Deutschland [M]. 3 Aulage. Konstanz：UTB，2007：21.
② 德语报纸 Zeitung 是 Zeit（时间）的名词化（词尾加-ung）形式。
③ 吴璟薇. 德国新闻传播史 [M]. 北京：人民日报出版社，2017：38.
④ 戈公振. 中国报学史 [M]. 北京：中国文史出版社，2015：7 - 8.
⑤ CAREY J. Communication as culture：essays on media and society [M]. New York, London：Routledge，1988：204.
⑥ 亚当斯. 媒介与传播地理学 [M]. 袁艳，译. 北京：中国传媒大学出版社，2020：34 - 35.
⑦ 波兹曼. 娱乐至死 [M]. 章艳，译. 北京：中信出版社，2015：83.

也是每家媒体竞相争逐的资源。当整个行业为了寻求信息传递的速度而普遍使用电报时，信息就变得比信息来源更加重要。受制于基础设施的新闻传播速度越来越成为影响新闻的首要因素，新闻时效性的地位也达到前所未有的高度。更为重要的是，伴随着传播速度的提升，时效性成为一种新的媒介商业价值被发现。1835 年，世界首家通讯社哈瓦斯社开始开发信息的工业设施，并开始使用电报网。而伴随着大西洋海底电缆的铺设和四大新闻通讯社在全球新闻市场的划分，对新闻传播速度的竞争已经遍布全球。信息在本质上是把时间与价值联系起来的一种商品，决定着媒介在工业时代特有的时间性。[①]　因此，时事新闻和信息都成为商品，而作为商品的新闻其价值高低是由其传播时间决定的，越不为人所知越是信息，各家新闻社都竭尽所能缩短新闻生产和传播的时间，杜绝任何中间环节的耽误从而保证新闻的"新鲜"。电报技术保证了新闻以光速传播，其速度之快已经超越了人类感知的阈值，实现了无延迟的传播。

如果说传递电报的电缆造就的是全球电子通信的基础网络，那么数字智能时代的光纤和互联网所造就的数字信号传输则是电报技术在全球范围内的另一种变迁，虽然二者之间传输原理近似，但是前者只能传输信息，而后者还能储存信息。从新闻生产和传播的角度来讲，互联网消灭了新闻事件的发生与输入之间的延迟。新闻事件通过数字技术快速转化为数据，再通过基础设施快速储存和传输，及时送至接受者。"三个时段巧合于同一时空中，这就把它们之间的所有的时间延迟和空间距离都消除了，这也消除了所有的区域性，因为区域性来源于各区域的差异性，比如不同的日历性和空间性。"[②]　这些计算组件和它们的基础设施所形成的巨大信息网络创

---

① 斯蒂格勒. 技术与时间：2. 迷失方向 [M]. 赵和平，印螺，译. 上海：译林出版社，2010：128.

② 同①133.

造了一个新的时间范围，造成了"即时报道的具有历史意义的飞跃"。输入的真实效果已经与实时传播合二为一，所以事件的发生、输入和传播构成唯一的也是同一的时间**实时（real-time）**，从而产生了全然不同的"时间效应"①。

但这里需要说明的是，虽然传播速度已经超越了人的感知，但每一次传输都是有中介的，位于基础设施两端的传播者和接受者之间在物理空间上仍然存在差异，其中存在的延迟虽然非常短暂，但仍然是不可忽略的。所有的技术媒体都是通过这种延迟来运作的。② 所以在媒介的物质性视角下，这种由媒介技术所造成的实时并不是一种人的感知，而是**选址（ad-dressing）**的结果。③ 虽然在传播者和接受者之间所传递的实时信号速度非常快，但这样的实时并不是**瞬时（instantaneous）**。④ 这种由媒介的物质特性所造成的**瞬时性**（instantaneity）不再仅仅是人们以感官就能感受到的当下，而是一种**传播在空间中的扩展**。在传播过程中，传播者和接受者都被分配到电缆或者光纤两端的某个位置，其形式包括电台的呼号、电话号码以及 IP 地址等，这个位置成为一个新的空间结构中的位置，从而在传播参与者个人中创造出一种新实体。⑤ 数字智能时代的传播所连接的并非个人而正是这样的新实体。

在分析数码物的特性时，许煜也发现了这种由基础设施的关联所造就

① 斯蒂格勒. 技术与时间：2. 迷失方向［M］. 赵和平，印螺，译. 上海：译林出版社，2010：138.

② SPRENGER F. Temporalities of instantaneity：electric wires and the media of immediacy［M］//JOHN D P，FLORIAN S，CHRISTINA V. Action at a distance. Minneapolis，London：University of Minnesota Press，2020：1 - 28.

③ KITTLER F. Towards an ontology of media［J］. Theory，culture & society，2009，26（2 - 3）：23 - 31.

④ 在英文语境中，瞬时（instantaneous）更多地强调一种感知上的共时，具体指"done，oc-curring or action without any perceptible duration of time"（在没有任何可感知的时间停留的情况下完成、发生或行动），参见《韦氏词典》。

⑤ 同②.

的技术实时。从技术角度来看的话，时间并非感知，而是在技术基础上所建立的事物间的一种**关系**。古代通过水滴或者太阳高度来计算时间，将时间与外在自然物产生关联；钟表发明以后，时间变成了钟表内部大小齿轮之间旋转的关系，时钟也成为具有同步功能的技术系统中时间存在的一种方式。① 时间本身就是一个网络，是通过不同物体且在它们之中表达的**关系**。② 然而，技术系统的变化使得某些客体间的关系过时或者被取代，同时数字技术的运用也促逼着时钟时间为**拓扑时间**所取代。拓扑时间关系所建构的是一种物体与此在连接时所产生的客体间关系，即指定事件的发生及其顺序，是一种基于**之前、之后和期间**的逻辑顺序关系。拓扑时间必须建立在物质性的基础上，之前需要通过笔记本、日历或者记忆来记录这些关系，而今无处不在的数码物以及媒介基础设施成为拓扑时间的记录载体。③所以可以说，数码物所建构的客体间关系之一就是时间关系。**智能新闻的时间性，正是建立在基础设施所具有的物质性特征和数码物所建立的时间关系之上**。数字时代的时间也决定着空间并创造着人们与空间的关系。从媒介技术在人类文明进程中的发展来看，我们可以发现媒介的时间性和空间性是一个典型的技术话题，而时效性在新闻价值中的地位变化也是由媒介技术——其具体表现为基础设施——所决定的。媒介的基础设施既包含新闻生产所需要的具体机械设备，也包含新闻传播中必不可少的信息传递渠道。因此在纸质新闻的时代，新闻的时效性是印刷机（之前为人力，之后发展为蒸汽机和电力）与邮政系统（包括人力、动物、汽车和轮船等）的时间性来决定的，因为发行周期长和传播速度比较慢，时效性的影响非常微弱；而当人类社会进入电力时代之后，新闻内容的输入和传播的速度

---

① 海德格尔. 存在与时间［M］. 陈嘉映，王庆节，译. 上海：上海三联书店，2012.

② 许煜. 论数码物的存在［M］. 李婉楠，译. 上海：上海人民出版社，2019：168.

③ 同②162－163.

都已经实现光速，基于电缆、无线电基站、有线电视和光纤等基础设施之上的高速新闻传播用时间消灭了空间，让新闻接受能够接触实时的信息，但这种实时并非一种人的感知，而是基于基础设施的物质性特征所产生的特殊效果。虽然时间与人的感知高度相关，但仅仅从感知角度来讨论媒介的时间性，仍然难以解决一个问题：为什么互联网中实现了实时，但是时间和地理空间的差异却确实存在着？这样的实在性是无法因为人的感知而忽略的。因此，位于基础设施两端的传播参与者之间在时空差异的基础上，通过选址的过程被赋予了新空间结构中的新位置，从而成为一种新实体。这种实体在本质上是一种数码物，而非感知。在共时的基础上，全球各地也因为基础设施的链接和数码物所建构的关联而实现了空间上的"共在"。

这里需要强调的是基础设施在新闻传播参与者中间所期待的重要**连接**作用，连接既是产生时间关系的基础，也是实现时间实时和空间共在的基础。无论当今传播速度有多快，新闻的延迟性从物质特征上说是无法被消除的，延时性也决定着新闻的价值。特别是在数字智能时代，新闻的生产和传播都是通过基础设施而转化为数码物，数码物在连接不同时空的同时还让客体物产生了更多的关联，从而造就新的时空环境。可以说连接已经成为数字智能时代难以忽略的特征，当基础设施出现故障而发生断连（disconnection）时，我们很难想象会发生什么。因此，数字智能时代的新闻传播不可忽略基础设施所具有的物质性特征及其对新闻价值的影响。

第二节　语义关系网与关联规则推荐算法

数码物和基础设施不仅影响新闻的时效性，而且还能够通过大数据和算法在不同的客体物之间建立关联。媒介本体论将新闻生产的过程视做将资料文档、调查报告和数据库等事实和证据进行社会聚合（social assemblage）的过程，并在聚合中建立相关关系。① 在互联网技术普及以前，新闻从业者主要通过个人经验来判断新闻价值是否与受众相关，所以新闻的相关性是基于个人认知和社会建构的结果。但是，当下普及的互联网通过算法和大数据，将不同的客体事物转化为数码物，再经过语义关系网在用户与内容、数据和事物之间建立关联。通过互联网平台端口的转接和传送，客体物和数据之间能够进行快速的转化、输入、存储和传输，最终通过手机 App 或者新闻网页等交互界面，实现新闻内容与用户之间的关联。互联网所造就的是一个基于人和机器协同使用的标记语言（如 HTML、MARC、GML）所组成的语义关系网络，因而其所产生的关联的范围要比之前基于记者经验所做出的判断大得多。② 就新闻的相关性而言，智能新闻的生产和传播过程通过互联网将进一步扩大与新闻相关的人与事物的范围，也就是说计算机网络的引入造就了一种新的相关和链接。

大数据需要相应的基础设施来实现数据的采集、存储和计算，当下智能新闻的生产和传播过程就建立在基础设施所搭建的平台上。《人民日报》的中央厨房、新浪微博的平台，以及头条的新闻处理平台，都是内容平台的典型代表。新闻内容生产者首先通过平台端口将内容输入平台，平台的算法系统继而根据语言处理的语法规则，将内容拆分和转化为能够为计算机所读取的数据，然后再进行关联、存储和推荐。因为数据量很大，所以让推荐算法有序运行就需要建立关联规则推荐算法，从数据库中提取存在

---

① LATOUR B. Pragmatogonies：a mythical account of how humans and nonhumans swap properties [J]. American behavioral scientist，1994，37（6）：791-808.

② 许煜. 论数码物的存在 [M]. 李婉楠，译. 上海：上海人民出版社，2019：143.

相关关系的对象。① 关联规则推荐算法建立在计算机语义关系网之上，其中的语义关系逻辑假设不同事物之间具有相关性。于是，通过大量对用户行为的监测，计算机首先把频繁出现的事物找出来，再考察其关联性并进行推荐。传统新闻价值的相关性主要根据记者和编辑的经验判断新闻事件是否与受众的利益、兴趣或地理等因素相关，而算法推荐系统则在搜集用户的点击、阅读、评论或点赞等行为基础上，按照兴趣类（兴趣的类别、主题、关键词、内容的来源、基于兴趣用户的类别标签）、身份类（性别、年龄、常住地点）、行为标签（用户行为特点）等相关原则来确定语义标签，从而建立一个巨大的信息分类池。② 然后在新闻内容分发阶段再建立一个用户分类池，并通过计算机将两个池子中的类别进行匹配。关系数据库与关系演算是计算机进行分类的基础，算法通过比较数据的标签名称而创建关系，所以标签名称本身就代表着某些关系。计算机能够生成和梳理大量的数据和关系，而数据本身就是关系，也是关系的来源。③ 数据的追踪和查询将新闻内容与潜在内容接受者之间关联起来，进一步拓展了新闻相关性的范围。这样的改变正是基于基础设施及其所代表的媒介技术所带来的结果，计算机语义关系实现了用户与新闻内容之间的多元关联，而新闻传播也不再仅仅是一对多的大众传播过程，而是根据对用户个人行为的追踪结果与新闻语义分析之间所建立的个体化关联关系，内容的分发从而也实现了去中心化。

语义关系所构成的算法关联和选择其实也是大数据时代的结果，因为数据量太大，没有关系的原始数据只是散乱而毫无意义的。而在现实操作中，数据冗杂、相关性差、逻辑关系不明也正是困扰数据处理工作人员的

---

① 塔娜，唐铮. 算法新闻 [M]. 北京：中国人民大学出版社，2019：10.

② 同①135－136.

③ 许煜. 论数码物的存在 [M]. 李婉楠，译. 上海：上海人民出版社，2019：127.

一大难题。大数据只有在搭配了智能技术之后才拥有了分析和趋势预测能力，所建构的模型也是传统的统计分析方法难以建构的，这正是数据的相关性所具备的特点。所以，在海量信息中进行新闻生产和传播都必须建立在关系的基础上，信息数据池和行为数据池在关系建立的过程中不断创造着内容意义和新价值。

那么，数据之间的关系如何建立，不同的数据如何储存，结构如何，则成为物质意义上影响算法关联的重要因素。不同的结构决定不同的关系，而平台的基础设施架构决定着数据的结构与关系。社交媒体普及之前的互联网时代，用户不参与信息生产，因此数据的来源比较单一且主要基于特定的计算机（如 HTML 等）语言，其本身就是结构化的，数据处理只需要关系数据库管理系统（RDBMS）即可。但是社交媒体运用大范围内拓展的数据的生成和来源渠道，这些来自人们日常生活的原始数据通过网络、手机和芯片等基础设施得以传输和储存，除了部分结构化数据外，主要是非结构化或者半结构化的，这些结构形式超出了原有系统的管理能力，而且数据的数量又进一步膨胀，对基础设施也提出了更多要求——需要大型处理系统以及分布在各地的计算机组群。① 所以 Google 采取了大规模分布型文件管理系统，以及在此基础上开发出的 Hadoop 系统。在社交大数据中建立关联，需要来自全球范围内的大量资金和技术支持，以及遍布全球的互联网通信设备，这进一步推进了全球范围内的关联。

互联网与数据所建构的不仅只有一个网络，通过不同的算法机制可以制定不同的关系，从而建构多样的网络。所以数字智能时代的数据结构与相关关系是丰富多彩的，新闻相关性也因此变得更加多元。同时，因为算法，这些关系可以**被计算**和**被操控**。智能新闻的数据物以分析性和连接性

---

① COTÉ M. Data motility：the materiality of big social data [J]. Cultural studies review，2014，20（1）：121-149.

为前提，通过数据所呈现出的兴趣、身份和行为特征，互联网在新闻中所造就的关联不仅仅是象征性的，而且是**数字化**且**可计算**的。如果休谟（David Hume）所说的万事万物间存在的七种关系，包括相似性、统一性、空间和时间、数量、性质、对立性和因果关系是基于象征的一种话语关系（discursive relation）的话，那么许煜则强调在数字智能时代这些关系已经转变为一种存在关系（existential relation）。前者只能以我们对现象的感知为前提，是一种更加基于人体器官和认知为基础的关系；而后者则通过关系来描述事物并与其相互关联，这是基于数字智能时代的技术及物质性特征而言的。数字智能时代基于数据的存在关系所形成的新闻相关性，更加具有一种媒介本体论的特征。[①] 而对新闻内容生产者而言，数码物的可计算性实现了对新闻内容时长和接收行为的计算与控制，能够从个体层面更加精确地把握新闻的特征。当然，这种数字技术带来的可控性也成为西方新闻传播理论所反思和批判的对象，甚至被认为会损害媒介的公共性。[②]

数字智能时代新闻的相关关系，从媒介本体论的角度来说其实是一种客体间性关系。它打破了传统新闻生产中以人为核心的主体性视角，而将作为技术物参与到新闻生产和传播中的数码物与基础设施纳入考量范围。数码物所建立的关系网包含了一切周遭环境，正如脸书个人页面或微信朋友圈一样，在社交媒体背景下，这些关系几乎决定了关于我们的一切，从朋友、日常生活到时空关系（时间轴、发布地点标记）等无所不包。新闻的相关性再也不仅仅是新闻从业者个人的判断，而是存在更加多元的可能，这也是导致新闻概念泛化的重要原因。而同时，基础设施创建了人与机器可

---

① 许煜. 论数码物的存在［M］. 李婉楠，译. 上海：上海人民出版社，2019：127.

② VAN DIJCK J，POELL T，DE WAAL M. The platform society：public values in a connective world［M］. New York：Oxford University Press，2018；范·迪克. 连接：社交媒体批评史［M］. 晏青，陈光凤，译. 北京：中国人民大学出版社，2021.

以通过**物质化**关系进行交互的**环境**，技术的逻辑也参与到新闻生产和传播过程中，人也不再是唯一的决定因素。所以，数字智能时代的新闻价值不仅仅需要关注人，也要关注媒介技术、基础设施和数据在其中的作用。在技术与人的"共生"中，"智能推荐系统和用户在不断改变和'驯化'对方"①。

第三节　时空与相关：重构数字智能时代的新闻价值

在互联网与社交媒体普及的当下，大量的新闻接收都是通过手机 App 而进行的，用户也主要依托算法推荐来阅读新闻，甚至觉得算法"比自己更了解自己"。手机或电脑装置、无线网络和光纤等基础设施打破了新闻事件的发生、生产和传输之间的实践与空间距离，并且通过推荐算法产生更多的相关新闻推送给用户。新闻的时效性在降低，而相关的程度与范围在不断加大。以上这些都是媒介技术发展及基础设施变迁所导致的结果。传统新闻的生产和传播主要以新闻生产者为中心，新闻价值也主要是建立在人的认知和经验基础上的判断，并据此对外界进行解释。然而，数字智能时代的新闻生产已经实现了人与技术的协同运作，人的逻辑和技术的逻辑共同参与到新闻价值的判断中。时间与空间、人与事物在基础设施之上形成的聚合而产生了一种新的时空关系及客体间性，虽然人的主体性地位在其中仍然扮演着重要角色，但是技术所带来的影响已经无法忽略。

在融合了传统新闻对人的主体性和对内容的关注下，媒介本体论进一步引入作为客体物存在的数据以及基础设施，并以人与技术、内容与物质的多重维度来重新思考媒介技术变迁对新闻产生的影响。技术"充满了

---

① 塔娜，唐铮. 算法新闻［M］. 北京：中国人民大学出版社，2019：109-110.

人"，它们将人类的专业知识具体化，并发挥着促进人类目标实现的作用；同样，技术也充满了时间①。因此，媒介的发展以及其中所蕴含的空间、时间和关系的变迁，都属于技术性话题，也都是以基础设施为基础而建立的关系所产生的结果。媒介的发展一直与基础设施相关，各种数字终端、新闻媒体、社会机构及相关政策不仅仅决定着新闻的内涵与价值标准，更是人们栖居的环境。② 而长期以来，新闻传播研究却将这个与我们无法分离却又藏匿起来的环境忽略了。媒介本体论从物质性的视角来探讨基础设施对媒介的时间、空间和相关关系，并进一步探讨技术对新闻价值判断标准带来的影响。基础设施决定着新闻信息的传播速度，继而影响媒介的时间和空间关系。新闻本身与时间的观念高度相关，更不用说印刷出版物的周期与日历同步。但是这些都发生在信息传播速度较慢的时代，新闻的生产和传播之间存在延迟，而时间从发生、报道到接收之间的时空差异产生了新闻价值。人类进入电力时代以后，电报、传真、电话、广播、电视以及今日的互联网，都实现了信息的光速传播，符号的传递已经打破了地理的局限，传播和交通首次发生了分离。技术造就了一种新的时间和空间体验，新闻的延迟性和空间距离消除了，实现了"实时"传播。

但是，媒介本体论强调由于物质的中介性所带来的效应。也就是说，传播的参与者通过基础设施产生了关联，即使传播速度很快以致人们无法感受到时间差异，但二者间的空间差异仍旧存在，无法实现瞬时。从物质性的视角看，这种实时也并不是基于人的感知，而是"选址"的结果。通过数字地址的分配，数字智能时代的传播建构了一种新的空间位置。然而，长期以来基础设施沉默无言，隐藏在新闻传播者与接受者背后，是媒介自

① LATOUR B. The Berlin key or how to do words with things［M］//GRAVES-BROWN P M. Matter, materiality and modern culture. London：Routledge，2000：21.

② 彼得斯．奇云：媒介即存有［M］. 邓建国，译．上海：复旦大学出版社，2020：4.

身所具有的媒介性特征，也只有当发生故障、信息的链接断裂和停止时，人们才能意识到媒介的存在。[①] 这便是约翰·彼得斯（John Durham Peters）在《奇云》中所说的"基础型倒置"：只有发生故障才能让隐藏之物得以从幕后显现，虽然情况不妙但事物的本质却能够得以彰显。[②] 在这里也一样，我们强调基础设施本身因连接而产生的空间差异并不会因为信息的高度传播而消失，这是从本体论的角度去彰显媒介的中介性特征，而这一特征正是媒介原本有的特质，也是基础设施在新闻传播中产生影响的机制与根源。"本体论只不过是被人们忽略的基础设施而已。"[③] 特别是在当前网络技术和智能传感器有了突破性发展的前提下，我们有必要打破人类基于身体与器官所建立的认知与媒介效果，重新审视作为物的基础设施和数据在新闻传播过程中的作用，以及它们在时间和事物之间所建构的关系。

同时，基础设施实现了人与技术的融合，新闻内容被转化为数据，并进行标签分类，进而根据语义关系在新闻信息以及信息和用户之间建立关联。计算机语义关系网所产生的关联范围大大突破了传统新闻生产中新闻事件基于重要程度、地理和心理因素所建立的相关关系。正是因为有了建立关系的语法规则与推荐算法，海量的数据才具有意义，所以数据在本质上仍是一种关系。建立在数据意义上的关系摆脱了传统新闻生产中基于人的主体性所建立的关联，转而强调客体物之间所形成的客体间性。新技术在新闻生产和传播过程中的不断渗入已经使技术逻辑不可忽略，因而数码物和基础设施等建立的关系网是一种关系形式多元，并且将人与事物都共同纳入其中的网络。智能新闻的相关性是人与技术、主体与客体共同作用

---

① 克莱默尔，吴余劲，叶倩，等. 作为文化技术的媒介：从书写平面到数字接口 [J]. 全球传媒学刊，2019，6（1）：18-27.

② 彼得斯. 奇云：媒介即存有 [M]. 邓建国，译. 上海：复旦大学出版社，2020：41.

③ 同②44.

的结果。但是也因为基础设施和数据本身的可计算和可操作特征，使得新闻更容易受到控制。这些都是我们在理解数字智能时代的新闻价值时需要考虑的因素。

媒介本体论视角将媒介的物质性和中介性特征引入新闻价值要素的分析中，共同强调人与技术在智能新闻生产和传播中的重要作用，以及技术变迁所带来的新闻价值变化。无论在何种技术条件下，新闻都具有媒介的中介性特征，同时其物质性特征也会影响着传播效果。新媒介技术的迅速发展与普及将原本隐藏在传播参与者中间的技术物显现出来，当下在讨论新闻价值时，虽然人的经验与判断继续占有重要地位，但是技术的因素却不能忽略。其实，无论哪个时代、何种技术环境，媒介技术都或藏匿、或显现地在新闻传播中发挥作用，决定着人们的境况。数字智能时代将技术因素以媒介本体论的视角进行解析，进而探索新闻价值变迁的机制，能够揭示众多之前研究中被忽略但却十分重要的因素，从而加深人们对媒介的认知，以及技术在媒介与社会发展变迁中所起到的作用。

第四节　数字智能时代新闻价值要素重探

伴随着媒介技术和新闻生产的创新，传统的新闻价值观在新媒体语境下生发出新的内涵，新闻价值标准持续引发争议和讨论，并被不断调整、扩充与延伸，这使得"新闻价值"成为学界与业界常谈常新的焦点议题。数字智能时代的新闻生产、分发及消费的方式变迁使得传统新闻价值要素出现解构趋向。如因为信息传播速度大为提升，"时效性"转变为"即时性"，"接近性"被消解转化为智能技术支持下的地理与人际关系的相关，并伴有个人用户的"定制性"特征。此外，伴随着更多非专业实践主体参与新闻生产流通并影响整个新闻生态，"可分享性""猎奇性""透明性"
"共情性""建设性"等新规范也被提出。

在前文通过媒介物质性特征和技术基础设施的影响进行理论分析的基
础上，在此我们结合德尔菲法来探索微观新闻实践中的新闻价值标准，一
方面将新闻价值议题放入媒介技术变迁的视角下来探寻智能技术如何影响
新闻价值，另一方面也考虑到中西文化中新闻价值判断的差异，来进一步
探讨技术变迁是否能够带来更多新闻价值判断方面的共识。具体针对以下
问题展开研究：

RQ1：传统新闻价值在数字和数字智能时代出现哪些转向？

RQ2：哪些新兴新闻价值在中国新闻实践中得到认可？

RQ3：哪些因素影响新闻工作者对新闻价值的判断？

一、新闻价值的构成要素及其变迁

(一) 新闻价值的定义及拓展

"新闻价值"是中西方公认的重要基础性新闻学概念，而学术界对新闻
价值的定义一直存在着不同的看法。"新闻价值"一词最早由沃尔特·李普
曼（Walter Lippmann）在 1922 年提出，他认为事件的一些具体特征或新闻
要素使其具有新闻价值。[1] 在此基础上，过往学者对新闻价值的定义可以分
为以下两类。第一类认为新闻价值是从业者在日常新闻实践中的选择依据，
往往强调专业化的新闻生产流程以及记者在其中的主体地位。如德国学者
昆奇克（Michael Kunczik）和韦伯（Uwe Weber）认为，新闻的价值是选
择新闻的标准。[2] 加尔通（John Galtung）和鲁格（Mari Holmboe Ruge）

---

① IPPMANN W. Public opinion（Vol. 1）［M］. New Jersey：Transaction Publishers，1946.

② KUNCZIK M，WEBER U. Public diplomacy and public relations：advertisements to foreign
countries in Germany：results of a content analysis［J］. Journal of international communication，
1994，1（2）：18－40.

将新闻价值概念化为新闻故事想要在媒体上发表并出现在显著位置需要满足的标准和条件。① 杨保军强调，新闻的价值主要指特定对象在新闻活动中特别是在新闻制作和传播活动中的作用和重要性。② 白红义在重访新闻价值的研究中指出，新闻价值是一系列决定新闻被选择或排除的标准，记者在日常新闻生产中运用这些标准进行新闻的判断、选择、生产和呈现。③ 第二类则侧重新闻事实本身能够引起公众兴趣的特征，如刘建明强调"对受众的有用性"④。在西方新闻业刚进入中国之际，我国著名新闻教育家徐宝璜便提出"新闻之价值云者，即注意人数多寡和注意程度深浅之问题也"⑤。李良荣在《新闻学概论》一书中将新闻价值定义为"新闻事实本身所包含的能够引起公众共同兴趣的素质"⑥。陈冉则总结两种视角，提出新闻价值是新闻记者衡量和甄选事实的依据，指记者所报道的新近发生的事实引发受众注意力的程度以及向受众传达思想的力度；程度和力度越大，新闻价值就越高。⑦ 无论哪种定义，它们大多体现出新闻价值研究的实用主义倾向⑧——新闻价值的概念定义被转化为具体的、有操作意义的要素或标准，对新闻生产与传播的实践具有直接指导作用。

对新闻价值要素的确定也成为学界的重要议题。早在 1922 年，李普曼

---

① GALTUNG J, RUGE M H. The structure of foreign news: the presentation of the Congo, Cuba and Cyprus crises in four Norwegian newspapers [J]. Journal of peace research, 1965, 2 (1): 64–90.

② 杨保军. 准确认识"新闻的价值"：方法论视野中的几点新思考 [J]. 国际新闻界, 2014 (9): 108–121.

③ 白红义. 重访"新闻价值"：一个新闻学中层理论的构建与创新 [J]. 新闻与写作, 2021 (11): 20–27.

④ 刘建明. 当代新闻学原理 [M]. 北京：清华大学出版社, 2005: 200.

⑤ 徐宝璜. 徐宝璜新闻学论集 [M]. 北京：北京大学出版社, 2008: 62–64.

⑥ 李良荣. 新闻学概论 [M]. 上海：复旦大学出版社, 2001.

⑦ 陈冉. 基于 5G 技术场景下新闻价值的变化分析及反思 [J]. 记者观察, 2021 (26): 67–69.

⑧ 郝雨, 任占文, 郭峥. 马克思主义新闻价值观理论建构与公共性拓展 [J]. 全球传媒学刊, 2017, 4 (3): 44–60.

就将"耸人听闻、接近性、相关性、明确性和真实性"作为新闻价值的因素。[1] 1965 年，加尔通和鲁格又提出了包括时效性、不寻常性、影响力、接近性、显著性、冲突性和灾难性的一套价值要素，后成为学界中最经典也是最具影响力的一种新闻价值分类标准。[2] 随后其他学者在此基础上不断进行改良完善，提出了新闻价值构成的多个版本，如舒尔茨（Ida Schultz）将"时效性、相关性、可辨识性、冲突性、情感性和独家性"列为六种首要新闻价值要素[3]，希伯特（Ray Hiebert）等论述的"时效性、接近性、显著性、重要性和人情味"，经实践检验成为美国新闻界普遍承认的"五要素说"[4]。

伴随着西方新闻价值理论被引进中国，中国学者对西方传统新闻价值标准进行了本土化的解读与补充。其中，对中国本土的新闻实践产生了重要指导意义的是陈力丹在其著作《新闻理论十讲》[5] 中阐释的新闻价值的 10 个要素，包括：

（1）事实发生的概率越小，便越有新闻价值。

（2）事实或状态的不确定性越大，减少不确定性的事实或信息，便越具有新闻价值。

（3）事实的发生与受众的利益越相关，越具有新闻价值。

（4）事实的影响力越大、影响面越广、越能立即产生影响力，这三个条件越同时存在，便越具有新闻价值。

① LIPPMANN W. Public opinion（Vol. 1）[M]. New Jersey：Transaction Publishers，1946.

② GALTUNG J，RUGE M H. The structure of foreign news：the presentation of the Congo，Cuba and Cyprus crises in four Norwegian newspapers [J]. Journal of peace research，1965，2（1）：64－90.

③ SCHULTZ I. The journalistic gut feeling：journalistic doxa，news habitus and orthodox news values [J]. Journalism practice，2007，1（2）：190－207.

④ HIEBERT R E，UNGURAIT D F，BOHN T W. Mass media：an introduction to modern communication [M]. New York：Addison-Wesley Longman Ltd，1988.

⑤ 陈力丹. 新闻理论十讲 [M]. 修订版. 上海：复旦大学出版社，2020.

（5）事实与接受者的心理距离越近，便越具有新闻价值。

（6）越是著名人物，其身上发生的事实越具有新闻价值；越是著名地点，那里发生的事实也越容易引起受众的关注。

（7）凡是含有冲突的事实，多少都有新闻价值；内含的冲突越大，越具有新闻价值。

（8）越能表现人的情感的事实，便越具有新闻价值。

（9）越具有心理替代性的故事性事实，越具有新闻价值。

（10）事实在比较中带有的反差越大，越具有新闻价值。

这 10 个价值要素不仅包含对西方新闻价值的本土化转介，还在传统西方新闻价值"传者导向"的基础上加入了受众心理的视角。如"减少不确定性"强调，受众对新闻的需求有时是为降低自身对环境的不确定性，而新闻的价值正体现在新闻信息满足受众此类需求的特性中。或者说，受众的"导向需求"是新闻价值得以体现的前提。[①]

值得一提的是，近年对新闻价值的相关研究中开始出现对这种"清单罗列"式的价值要素分类的批评和反思。学者或从方法论层面切入，提出具体价值表现的列举在逻辑上难以穷尽，应转向更根本的价值分类方式，兼顾新闻的工具价值和目的价值[②]；或从哲学层面将"价值"与"价值观"进行区分，将马克思主义理论中的公共性引入新闻价值的探讨，将公共性视为新闻业的价值合法性基石，呼吁关注新闻价值理念对从业者的根本方向指引[③]。然而不可否认的是，在新闻专业教育与业界实践中，直

---

① WAHL-JORGENSEN K，HANITZSCH T. The handbook of journalism studies（ICA Handbook Series）[M]. 2nd ed. London：Routledge，2019.

② 杨保军. 准确认识"新闻的价值"：方法论视野中的几点新思考 [J]. 国际新闻界，2014，36（9）：108-121.

③ 常江，刘璇. 数字新闻的公共性之辩：表现、症结与反思 [J]. 全球传媒学刊，2021，8（5）：93-109；郝雨，任占文，郭峥. 马克思主义新闻价值观理论建构与公共性拓展 [J]. 全球传媒学刊，2017，4（3）：44-60.

观化、操作化的价值要素依然发挥着重要作用；新闻从业者们在日常新闻活动中围绕价值要素条目所形成的共识，也依然能为学者在技术日新月异的今天探知新闻价值理念的变迁提供参考。因此，在研究设计中我们保留新闻价值要素的分类方式，探究新闻价值在数字时代发生的转变。

（二）传统新闻价值要素的解构与创新

随着数字技术的迅猛发展，媒介形态日益丰富，人们获取新闻资讯的渠道愈加多元，参与新闻生产传播的主体也愈加多样。新闻生产、分发以及消费的方式持续演变，时效性、重要性、接近性、客观性等经典新闻价值要素在技术的冲击下面临解构。[①]

具体而言，通信技术的升级与移动终端的普及使得"及时"的新闻报道极为常见，同时社交媒体平台转而向用户推送他们可能感兴趣、需要的新闻，于是"时效性"转变为一种能够调动受众当下的情感和感官参与的"迫切性"。传统新闻内容的选择和编排（program）一度由新闻媒体机构主要负责[②]，而当平台算法开始参与内容分发，点击量、浏览量、点赞数、评论数、转发数等量化指标成为新的判断依据，于是"需要性"取代了传统新闻价值中的"重要性"和"显著性"[③]。相似地，5G＋AI技术支持新闻内容的私人定制，在去中心化的媒介环境中，过去空间及心理层面的"接近性"在一定程度上被消解，逐渐升级为"定制性"；同时沉浸式新闻的出现也使用户突破时间和空间的限制，实现身临其境的信息体验[④]。在受到冲击

---

① 杨奇光，王润泽．数字时代新闻价值构建的历史考察与中西比较［J］．新闻记者，2021(8)：28-38.

② VAN DIJCK J，POELL T. Understanding social media logic［J］. Media and communication，2013，1（1）：2-14.

③ 周依儒．算法"把关"机制下新闻价值要素的变化［J］．声屏世界，2021（8）：21-22.

④ 陈冉．基于5G技术场景下新闻价值的变化分析及反思［J］．记者观察，2021（26）：67-69.

的传统价值要素中，"客观性"作为新闻专业主义的核心理念，尤其受到学界关注。① 数字时代的新闻生产面向社会开放，越来越多的非专业实践主体参与新闻生产流通，使新闻报道的质量参差不齐，传者与受者的界限日益模糊不清。在这一背景下，"透明性"作为新价值规范受到广泛关注，被学者看做新闻客观性的发展传承②，意在增强公众对新闻的信任，维护新闻职业的合法性③。是否明确展示了新闻所使用的数据来源和方法、是否为公众提供参与新闻制作的机会以及提供记者的背景信息④，成为新闻从业者证明自身职业合法性的新方式。数字时代，互联网平台的开放性为新闻生产者向受众展示数据来源与相关方法提供了便利⑤，为透明性提供了从理念向实践的转化路径。

互联网技术发展也创造了全新的新闻价值要素。例如，传统媒体与受众间的关系是单向传播，而互联网的发展使得传播从直线变成网状关系传播模式，带来的最直观的变化就是"互动性"和"交互性"的提升，体现为记者编辑在进行新闻价值判断时对用户互动数据的关注。⑥ 从技术的角度看，机器学习和人工智能算法可以根据用户的行为模式建立用户属性和偏好模型，根据模型分析用户兴趣点，向用户提供个性化内容和互动体验。⑦

---

① 杨奇光. 技术可供性"改造"客观性：数字新闻学的话语重构 [J]. 南京社会科学，2021 (5)：118-127.

② 孙藜. 从客观性到透明性？网络时代如何做新闻 [J]. 当代传播，2013 (1)：19-22.

③ 张超. "后台"前置：新闻透明性的兴起、争议及其"适度"标准 [J]. 国际新闻界，2020 (8)：88-109.

④ 张华. "后真相"时代的中国新闻业 [J]. 新闻大学，2017 (3)：28-33，61，147-148；GYNNILD A. Surveillance videos and visual transparency in journalism [J]. Journalism studies，2014，15 (4)：449-463.

⑤ 夏倩芳，王艳. 从"客观性"到"透明性"：新闻专业权威演进的历史与逻辑 [J]. 南京社会科学，2016 (7)：97-109.

⑥ 蒲卓彧. 网络新闻价值判断及其形成因素分析 [J]. 新闻研究导刊，2021，12 (13)：123-125；杨奇光，王润泽. 数字时代新闻价值构建的历史考察与中西比较 [J]. 新闻记者，2021 (8)：28-38.

⑦ 沈浩，元方. 智能媒体的技术演进与"后真相"时代辨析 [J]. 中国新闻传播研究，2019 (5)：3-14.

而当新技术赋予了新闻更多的呈现形式，人们对于新闻作品审美的逻辑也随之改变。① 在传统新闻生产中，受众接受的是以文字为主、图表为辅的单一形态新闻信息，而在新媒介技术环境下，新闻可视化和交互性改变了传统的叙事方式，新闻信息转变为静态的、动态的乃至虚拟形态的可视化文本。不仅如此，受众还可以根据主观意愿通过点击超链接、超文本的形式进行信息获取和参与卷入，而非被动观看。②

在传统价值要素解构与创新的背景下，有学者尝试形成体系化的数字新闻价值要素清单。哈尔卡普（Harcup）和奥尼尔（O'Neill）③ 通过分析报纸与社交媒体上的新闻文本，结合互联网与社交媒体的开放性、娱乐化等特性以及受众身份的转变，最终提出一套包含 15 个指标的新闻价值体系，包括：

（1）排他性（exclusivity）：新闻机构通过采访、信件、调查、民意测验等方式获取独家新闻报道线索。

（2）负面性（bad news）：选择带有突出负面色彩的故事，例如死亡、受伤、失败和失业等。

（3）冲突性（conflict）：选择与争论、分裂、罢工、打架、叛乱和战争等有关的新闻事件进行报道。

（4）惊喜性（surprise）：选择具有惊喜色彩或是不寻常色彩的新闻故事。

（5）视听性（audio-visuals）：选择引人注目的照片、视频、音频或其他可用于可视化的新闻素材。

（6）可分享性（shareability）：主要是指在新闻价值判断过程中优先考

---

① 许海凤 . 新媒介技术环境下新闻可视化的美学审视 [J]. 新媒体研究，2018，4（1）：50 - 52.

② 常江，杨奇光 . 技术变革语境下新闻价值的嬗变 [J]. 青年记者，2017（4）：9 - 10.

③ HARCUP T，O'NEILL D. What is news? news values revisited（again）[J]. Journalism studies，2017，18（12）：1470 - 1488.

虑哪些内容更容易促使受众在社交媒体平台上进行分享。

（7）娱乐性（entertainment）：挑选包含有性、娱乐、体育、动物、搞笑幽默等内容的新闻报道。

（8）戏剧性（drama）：指充满戏剧性的新闻报道文本，诸如弃车逃逸以及涉及逃跑、事故、营救和法庭案件的事件。

（9）可持续报道性（follow-up）：新闻内容有延展空间，具备可持续报道的可能。

（10）精英性（the power elite）：选择与有权势的个人、组织、机构相关的新闻事件。

（11）相关性（relevance）：类似于经典新闻价值要素中的"接近性"，具体指新闻报道的内容是否与受众的生活经历或集体记忆相关。

（12）规模性（magnitude）：类似于经典新闻价值要素中的显著性，即与更大规模的受众群体相关或能引发显著关注的极端行为或现象。

（13）名人性（celebrity）：与名人相关的新闻故事。

（14）正面性（good news）：带有积极色彩的新闻，例如从灾难中复苏等。

（15）机构议程性（news organization's agenda）：对于新闻价值的考量应符合新闻机构在意识形态、商业诉求或政治立场上议程设置的需要。

（三）中国语境下的数字新闻价值探讨

除受技术变迁的影响外，新闻价值还是媒介环境中政治、经济、文化等多重因素的产物，这使中国语境下的新闻价值研究有着独特意义。中国新闻从业者在数字时代的新闻价值判断，一方面接受着媒介技术革新的冲击，另一方面又因独特的媒介体制和媒介生态，折射着包括政府、党媒、商业平台、受众在内的各方力量博弈。在数字技术加速发展的情况下，西方传统新闻价值理论体系与中国新闻实践间的张力也日益凸显。

早在引入西方传统新闻价值之初，中国学者就表现出自身偏好。西方传统新闻价值更加强调冲突、灾难以及矛盾，负面新闻通常涉及揭露企业的腐败行为或政治丑闻，注重对应媒体作为"第四种权力"在西方民主社会中对社会和政府的监督作用①；而中国受到儒家文化中"和"与"仁"优先价值标准的影响，更加重视集体意识和社会意识，以及国家形象和媒体的政治导向作用，因此，社会主义社会中的新闻作为党和政府的"喉舌"，其价值往往更注重反映正面、健康、和谐、光明的一面。② 因此在数字时代新闻价值要素的探讨中，中国学者在关注技术变迁的同时，还聚焦商业平台参与下价值取向多元化的媒介生态，强调新闻业维护社会效益与参与社会治理的责任，展现出更明显的价值与实用导向。

　　具体而言，中国新闻往往更强调沟通和教化。③ 中国新闻实践自古习惯以传者为本位，将政策宣传和思想教育作为新闻价值选择的主要依据。④ 因此"沟通性"，即新闻是否能与已有的舆论信息形成沟通，在中国语境下成为一种核心价值导向。面对网络平台上信息的冲突与对抗，新闻的"沟通性"或"共情性"意在化解社会矛盾、促进和谐。中国新闻业还通过设立新闻类奖项等，对包含"爱国主义""自我奉献""敢于牺牲"等价值引导要素的新闻给予肯定。⑤

　　近年来，建设性理念也得到大量中国学者的关注。"建设性"指以积极的、具有建设性的方式来建构新闻。⑥ 通过强调这一价值要素，人们反思对

---

　　① GANS H. Deciding what's news: a study of CBS Evening News, NBC Nightly News, Newsweek, and Time [M]. Evanston, IL: Northwestern University Press, 2004.

　　② 张斌，张昆. 中西新闻价值观"异""同"的文化学阐释 [J]. 新闻前哨，2011 (1)：43 - 45.

　　③ 王润泽，张凌霄. 新闻价值的西方生产路径与话语权的确立 [J]. 现代传播（中国传媒大学学报），2019 (11)：42 - 46.

　　④ 郑保卫，刘新利. 论不同文化语境下的新闻价值观 [J]. 今传媒，2010 (8)：32 - 35.

　　⑤ 杨奇光，王润泽. 数字时代新闻价值构建的历史考察与中西比较 [J]. 新闻记者，2021 (8)：28 - 38.

　　⑥ 徐敬宏，郭婧玉，游鑫洋，等. 建设性新闻：概念界定、主要特征与价值启示 [J]. 国际新闻界，2019，41 (8)：135 - 153.

新闻社会角色和功能的认知，考虑如何用方案导向和指导性的报道代替冲突性故事，从而更好地履行媒体服务公众的职能。① 建设性的核心概念起源于西方新闻运动，是对传统西方新闻价值中"消极取向"的纠偏和补充，呼吁培育积极的舆论氛围，避免加剧受众的负面情绪以及社会对立。② 在中国传统文化、马克思主义新闻观，以及新闻社会责任与功能导向的协同影响下，建设性发展出了独有的中国范式。③ 建设性与正面性在表现上有相似之处，但前者强调面向未来的问题解决导向，后者则强调新闻中的积极色彩。④

伴随着社交媒体的普及，"实用性"也成为数字时代广受关注的新闻价值要素。"实用"的新闻指那些更加关注受众生活需求、更生活化、更实用的相关新闻，能为受众提供专业性、经验性、建议性的信息，帮助受众更好地处理日常问题，比如网上购物、在线教育、政策指南等，为人们的生活提供便利。⑤ 杨奇光和王润泽将"实用性"新闻定义为具有明显的实用导向、能发挥公共服务作用的新闻，比如新闻机构发布的 Top 10 名单、榜单和技巧等。⑥

二、数字智能时代新闻价值标准的设定

"数字时代新闻价值要素重探"研究项目从 2021 年 12 月中旬开始启

---

① 晏青，舒镒惠. 建设性新闻的观念、范式与研究展望 [J]. 福建师范大学学报（哲学社会科学版），2020（6）：66 - 74，93，170.

② 史安斌，王沛楠. 建设性新闻：历史溯源、理念演进与全球实践 [J]. 新闻记者，2019（9）：32 - 39，82.

③ 漆亚林. 建设性新闻的中国范式：基于中国媒体实践路向的考察 [J]. 编辑之友，2020（3）：12 - 21.

④ 金苗. 建设性新闻：一个"伞式"理论的建设行动、哲学和价值 [J]. 南京社会科学，2019（10）：110 - 119.

⑤ 蒲卓彧. 网络新闻价值判断及其形成因素分析 [J]. 新闻研究导刊，2021（13）：123 - 125.

⑥ 杨奇光，王润泽. 数字时代新闻价值构建的历史考察与中西比较 [J]. 新闻记者，2021（8）：28 - 38.

动，至 2022 年 12 月中旬完成，主要采用德尔菲法（Delphi method），对 36 位中国各类新闻媒体一线工作者进行多次函询，结合深度访谈，以探索数字时代新闻价值要素发生的变化。

德尔菲法又称专家咨询法，自 20 世纪 50 年代由美国兰德公司开创以来，已广泛应用于几乎所有的社会领域。[①] 这一方法的特点是专家组成员的权威性和匿名性、预测过程的有控趋同性，以及预测统计的定量性。[②] 具体而言，通常经过若干轮对专家的函询，将其观点进行聚焦、归类和具体化，最终专家会达成相当程度上的共识并将其作为研究结论。

由于新闻从业者进行新闻价值判断的依据常常出自"直觉"[③] 而难以具体说明，这里通过对接受函询的新闻工作者的"工龄""工作单位"和"新闻领域"进行筛选，采用主观分析法判断其在新闻价值判断领域的"权威程度"，而非德尔菲法在公共卫生等领域应用时的量化加权。

（一）函询对象

考虑到"新闻价值"的特殊性，我们将函询对象定为中国一线新闻工作者，包括将"新闻价值判断"作为日常工作内容的记者、编辑、编导、内容运营/策划、摄影/剪辑等。函询对象的选择标准如下：（1）工龄超过一年的正式员工；（2）工作内容包括采写编发等新闻业务；（3）发布新闻内容面向中国大陆受众。基于这些标准，最终选定了 36 位新闻工作者（见表 5-1），平均工龄约为 5 年。为保证函询对象的广泛代表性，其中 11 位来自中央媒体机构，如中央广播电视总台、新华社、《中国日报》等（A1～A11）；13

---

① 常江. 数字时代新闻学的实然、应然和概念体系 [J]. 新闻与传播研究，2021，28（9）：39-54，126-127.

② 刘学毅. 德尔菲法在交叉学科研究评价中的运用 [J]. 西南交通大学学报（社会科学版），2007（2）：21-25.

③ SCHULTZ, IDA. The journalistic gut feeling [J]. Journalism practice，2007，1（2）：190-207.

位来自地方媒体机构，如《四川日报》、《湘声报》、吉林广播电视台、云南广播电视台等（B1～B13）；12位来自商业化内容平台或相关业务外包公司，包括凤凰网、新浪微博、字节跳动等（C1～C12）。

表 5 - 1　　　　　　　　　函询对象基本情况

代码	工作单位	工种	工龄（年）	工作内容属性：传统/新媒体（自评）
A1	中央广播电视总台	记者	2	传统
A2	《人民日报》	记者	2	传统
A3	中央广播电视总台上海总站	编辑	1	传统
A4	《解放日报》	记者	3	传统
A5	中央广播电视总台	编辑	9	传统
A6	中国环球广播电视有限公司	编辑	2	新媒体
A7	中央广播电视总台	编辑	11	新媒体
A8	新华社	记者	3	传统
A9	《中国日报》	摄像/剪辑	1	新媒体
A10	《人民日报》	内容策划	1.5	不确定
A11	新华社	编辑	2	新媒体
B1	北青网	编辑	16	新媒体
B2	太仓融媒体中心	编辑	2	新媒体
B3	《四川日报》	编辑	1	传统
B4	《新京报》	编辑	4	新媒体
B5	《湘声报》	记者	2	传统
B6	珠海传媒集团	编辑	20	不确定
B7	北京广播电视台	编辑	10	传统
B8	北京广播电视台	编导	9	传统
B9	北京时间有限公司	编辑	16	不确定
B10	吉林广播电视台	记者	6	传统
B11	北京广播电视台	编辑	11	传统

续前表

代码	工作单位	工种	工龄（年）	工作内容属性：传统/新媒体（自评）
B12	云南广播电视台	编导	5	不确定
B13	《吉林日报》	记者	9	新媒体
C1	凤凰网	编辑	3	新媒体
C2	《人物》杂志	内容策划	2	新媒体
C3	爱奇艺	编辑	5	新媒体
C4	新浪微博	编辑	3	新媒体
C5	国广互联（北京）文化传播有限公司	编辑	8	不确定
C6	凤凰网	内容策划	6	不确定
C7	新浪	记者	5	新媒体
C8	腾讯	内容策划	2	不确定
C9	字节跳动	内容策划	3	不确定
C10	字节跳动	内容运营	1	新媒体
C11	咪咕视讯	内容策划	4	不确定
C12	咪咕视讯	编辑	1	新媒体

（二）函询指标

本研究采用问卷的方式对新闻从业者进行函询。为兼顾中西新闻价值研究的不同侧重，并全面列举数字时代影响新闻从业者价值判断的要素，最终将西方新闻界公认的经典"五要素"、中国学者陈力丹提出的新闻价值的 10 个要素作为函询指标中传统新闻价值要素的代表，并在此基础上根据文献补充得到学者广泛关注与讨论的数字新闻价值要素。

考虑到在数字时代引发关注的新闻价值要素有时并非数字时代所特有，部分既有新闻价值指标随着媒介生态与社会语境的变迁在数字新闻实践中重新焕发活力，如西方学者提出的"正面性"与"机构议程性"①，与中国传统价值理念中对媒体社会职能的强调有相似之处，这里将"数字新闻价值要素"定义为"在数字时代得到广泛关注、被广泛纳入考量的新闻价值要素"，而非在数字时代新近产生的价值要素。

研究中使用"新闻价值""新闻价值要素""数字新闻""news values""news factors""digital news"等关键词在中国知网、Google scholar等数据库中进行检索，得到中西方学界探讨数字时代新闻价值要素的文献，筛选出其中涉及具体价值要素的篇目。随后对文献中出现的新闻价值要素进行整理记录，将内涵基本一致的价值要素进行整合，直至没有全新的价值要素出现，最后根据指标拟定问卷题项。问卷使用李克特量表，请新闻工作者根据新闻价值指标的重要程度，依次给新闻价值指标评分（1＝完全不重要；2＝不太重要；3＝中等重要；4＝非常重要；5＝极为重要）。

在指标初稿拟定完成后，我们进行了小范围（$n=7$）的试询，辅以访谈对其选择依据进行追问，据此对指标及其表述方式进行了调整，得到包括33个指标的最终版清单投入使用（见表5－2）。

表5－2　　　　　基于文献分析识别的新闻价值指标

序号	要素名称	价值内涵	文献来源
1	不寻常性	是否为小概率发生事件	陈力丹，2020
2	导向需求	是否能够减少事实或状态的不确定性	陈力丹，2020
3	相关性	是否与受众的利益紧密相关	陈力丹，2020
4	影响力	是否影响力大、影响面广、能立即产生影响力	陈力丹，2020
5	接近性	是否与受众的心理距离接近，如与受众的生活经历接近	陈力丹，2020

---

① HARCUP T, O'NEILL D. What is news? news values revisited (again) [J]. Journalism studies，2014，18 (12)：1470-1488.

续前表

序号	要素名称	价值内涵	文献来源
6	显著性	是否涉及著名的人物及地点	陈力丹，2020；Harcup & O'Neill，2017
7	精英性	是否包含有权势的个人、组织或机构	Harcup & O'Neill，2017
8	冲突性	事件是否包含冲突，如竞技、论战、贸易摩擦等	陈力丹，2020；Harcup & O'Neill，2017
9	情感性	新闻事实是否能够表现人的情感	陈力丹，2020
10	迫切性	是否能够调动受众当下的情感、感官参与	陈力丹，2020；杨奇光、王润泽，2021
11	心理替代性	是否包含具有心理替代性的故事事实	陈力丹，2020
12	反差性	是否在比较中带有较大反差	陈力丹，2020
13	时新性	是否新近发生的事实	Schultz，2007；Eilders，2006
14	排他性	是否独家报道	Harcup & O'Neill，2017
15	负面性	是否带有突出的负面色彩，如死亡、受伤、失败和失业	Harcup & O'Neill，2017
16	视听性	是否有引人注目的素材，如照片、视频、音频等	Harcup & O'Neill，2017
17	可分享性	是否能够促使受众在社交媒体上分享	Harcup & O'Neill，2017
18	娱乐性	是否包含性、动物、搞笑幽默等娱乐性内容	Harcup & O'Neill，2017
19	戏剧性	是否在文本中突出戏剧性的元素，如涉及逃跑、事故、营救等	Harcup & O'Neill，2017
20	可持续报道性	是否具有持续报道的空间	Harcup & O'Neill，2017
21	规模性	是否与更大的受众群体相关，或能否引发显著关注的极端行为或现象	Harcup & O'Neill，2017
22	正面性	是否带有积极色彩	Harcup & O'Neill，2017

续前表

序号	要素名称	价值内涵	文献来源
23	机构议程性	是否符合新闻机构在意识形态、商业诉求或者政治立场上议程设置的需要	Harcup & O'Neill，2017
24	猎奇性	是否属于奇闻逸事，或能带来文化冲击感	Caple & Bednarek，2013
25	明确性	内容是否易理解、无歧义	Eilders，2006
26	互动性	是否可以促使受众产生点赞、评论等互动行为	蒲卓彧，2021
27	实用性	是否具有明显的实用导向，或能否发挥公共服务作用，如Top10、榜单、技巧等	蒲卓彧，2021；杨奇光、王润泽，2021
28	建设性	是否具有指导性和建设意义	晏青、舒镒惠，2020；徐敬宏等，2019
29	沟通性	是否与已有的舆论信息形成沟通	杨奇光、王润泽，2021
30	交互性	用户能否实现信息的主动获取，如点击查看等交互设计	许海凤，2018；常江、杨奇光，2017
31	价值引导性	是否包含"爱国主义""自我奉献""敢于牺牲"等价值层面的引导	杨奇光、王润泽，2021
32	需要性/定制性	是否针对特定用户群体或特定场景下的需要	陈冉，2021；周依儒，2021
33	透明性	是否明确展示新闻所使用的相关数据来源和方法	Gynnild，2014；张华，2017

在给所有函询对象打分完成后，借助 SPSS 软件中的 Kendall 协调系数，对各个指标的意见集中程度进行测量，借以探索一线新闻工作者在数字时代新闻价值判断方面有哪些共识。函询结果的渐进显著性 $p=0.000<0.05$，肯德尔协调系数 W 值为 0.276，接受新闻工作者总体对所给新闻价值指标的判断存在一定程度上的一致性（见表 5-3）。

表 5-3 函询结果肯德尔系数检验

	个案数	肯德尔 W^a	卡方	自由度	渐进显著性
总体	36	0.276	317.941	32	0.000
传统媒体	12	0.382	146.530	32	0.000
新媒体	15	0.237	113.820	32	0.000

随后，研究借鉴王春枝[①]等的方法，采用界值法对价值指标进行初步筛选。具体操作为根据每项指标的重要性得分计算满分频率、算术均数和变异系数，满分频率和算术均数的界值均为"均数—标准差"，得分低于界值的筛除；变异系数界值为"均数＋标准差"，得分高于界值的筛除。因此根据第一轮函询结果，"负面性（是否带有突出的负面色彩，如死亡、受伤、失败和失业）""娱乐性（是否包含性、动物、搞笑幽默等娱乐性内容）"两项从指标中筛除，得到共有 31 个指标的价值清单。

通过试询和对一轮函询结果的分析，笔者发现，由于新闻从业者对具体价值要素的态度受其工作单位性质和涉及的新闻领域影响，意见趋于分散；若根据意见的一致程度在反复函询中将价值指标直接剔除，可能影响本文讨论既有文献中新闻价值要素的初衷。因此，在此将传统德尔菲法的多轮函询改为开放性问题与深入访谈的结合，直接根据一轮函询中指标的均值与变异系数得分，对不同媒体形态下新闻工作者对新闻价值的判断倾向进行分析；同时设置开放题项，请函询对象对"工作中经常纳入考量，但既有指标不包括"的新闻价值进行补充，最后基于函询结果，对部分函询对象追加访谈，以补充说明判断的依据和背景（见表 5-4）。

---

① 王春枝，斯琴. 德尔菲法中的数据统计处理方法及其应用研究［J］. 内蒙古财经学院学报（综合版），2011，9（4）：92-96.

表 5 - 4　　　　　　　　　　访谈对象基本信息

编号	工作单位	工作岗位
A1	央视总台新闻新媒体中心	主编
A2	《四川日报》	编辑/运营
A3	新华社上海分社	记者
A4	《人民日报》新媒体中心	记者
A5	《人民日报》福建分社	记者
A6	《人物》（每日人物）	记者
A7	太仓市县级融媒体中心	客户端编辑
A8	凤凰网内容资讯部	编辑
A9	腾讯新闻	视频剪辑

第五节　数字智能时代新闻价值的构建路径

我们首先对 31 个新闻价值指标按照变异系数（从低到高）进行排序，其中共有 8 个指标变异系数小于 0.25，符合协调程度检验的要求（见表 5 - 5）。在传统德尔菲法中，协调程度不符合要求的指标应被排除，但这一分析路径难以满足本研究的需要，因为此研究意在对智能时代新闻价值标准进行探索式的发现，而非得到一套操作化的固定指标，因此部分价值指标虽在专家意见上存在分歧，但在特定新闻领域或媒体形态下仍有其特殊讨论意义。所以，本研究对传统德尔菲法的分析流程进行了调整，结合"得分均值"与"变异系数"两项指标，并根据媒体形态（传统媒体/新媒体）将函询结果进行分组分析，尝试更为全面地展示数字智能时代新闻业界对新闻价值的选择倾向。

如前文所述，筛选留下变异系数排名前 20 的新闻价值要素，又根据均值（从高到低）排序进行分析。发现变异系数在前 20 位的价值指标中共有 11 个传统新闻价值（平均得分均值 3.58）与 9 个数字新闻价值（平均得分均值 3.43）。传统新闻价值在数量与得分上略高于数字新闻价值，且得分均值最高的前 5 个指标，即"时新性、明确性、正面性、机构议程性、影响力"，均为传统新闻价值。数字新闻价值虽然得分均值整体略低于传统新闻价值，但在所有 8 个变异系数小于 0.25 的指标中有 5 个为数字新闻价值，即"互动性、沟通性、可分享性、透明性、建设性"，这表明虽然专家对传统新闻价值的评价整体更高，但他们对部分数字新闻价值指标的重要性也达成了共识。

表 5 - 5　　变异系数前 20 的新闻价值指标（按得分均值从高到低排序）

要素名称	价值内涵	得分均值	标准差	变异系数
时新性	是否新近发生的事实	4.17	1.05	0.25
明确性	内容是否易理解、无歧义	4.13	0.95	0.23
正面性	是否带有积极色彩	3.92	0.83	0.21
机构议程性	是否符合新闻机构在意识形态、商业诉求或者政治立场上议程设置的需要	3.79	1.22	0.32
影响力	是否影响力大、影响面广、能立即产生影响力	3.71	1.00	0.27
*互动性	是否容易引起受众的点赞、评论等互动行为	3.67	0.76	0.21
*沟通性	是否与已有的舆论形成沟通	3.63	0.88	0.24
*视听性	是否有引人注目的素材，如照片、视频、音频等	3.63	1.01	0.28
价值引导性	是否包含"爱国主义""自我奉献""敢于牺牲"等价值层面的引导	3.58	0.88	0.25
*可分享性	是否能够促使受众在社交媒体上分享	3.54	0.83	0.24
*透明性	是否明确展示了新闻所使用的相关数据来源和方法	3.50	0.72	0.21
*迫切性	是否能够调动受众当下的情感、感官参与	3.46	0.98	0.28

续前表

要素名称	价值内涵	得分均值	标准差	变异系数
* 建设性	是否具有指导性和建设意义	3.42	0.78	0.23
情感性	新闻事实是否能够表现人的情感	3.42	0.88	0.26
可持续报道性	是否具有持续报道的空间	3.38	0.82	0.24
* 需要性	是否针对特定用户群体或特定场景下的需要	3.38	0.97	0.29
导向需求	是否能够减少事实或状态的不确定性	3.33	1.05	0.31
显著性	是否涉及著名的人物及地点	3.21	1.06	0.33
独家性	是否为独家报道	3.17	1.01	0.32
* 交互性	用户能否实现信息的主动获取，如点击查看等交互设计	3.17	1.01	0.32

注：标 * 的价值指标为数字新闻价值。

在上榜的传统新闻价值中，"时新性""影响力"均属于西方经典价值五要素中的内容，在当下依然受到广泛认同，说明数字时代的新闻价值评判体系依然建立在对经典新闻价值要素认可的基础上。而"明确性"虽然早被提出，却不属于最为经典的五要素内容；在当下受到认可，说明互联网上信息纷繁复杂，人们的注意力资源有限，对新闻的强时效、易理解，以及影响的深刻广泛程度提出了尤其高的要求。新闻追求"易理解、无歧义"，目的在于降低受众在庞杂数据流和多方观点中理解、接受新闻信息的门槛。

"正面性""机构议程性"同样不属于西方经典五要素的内容，也普遍受到从业者认可。这表明"打造积极舆论环境""把社会效益放在首位"的理念对中国新闻从业者的价值判断有整体影响；此外，多元主体参与新闻内容生产与分发，新闻从业者往往依据自身效力的媒体机构属性进行价值判断，彰显自身职业主体性。

　　每一家媒体都会有细微的一些不同，比如说其他的媒体，它们发了一篇它们认为的大稿子，但放到我们这种单位，可能就不被认为它是最有价值的……每个组织内部它会有一个自己的框架，包括写作的风格、写作的惯例等，其实都是有不同的要求的，你只能到每一家具体的媒体去了解。（A3）

你既要符合你对新闻价值的判断，也要符合你们这个新闻单位的调性。比如说像观察者网、《环球时报》，它们可以做一些非常激进的内容，转载外媒比较直接的一些点评，但是像《人民日报》这种媒体，肯定是要做稳一点的内容。（A4）

我们党报的话第一位是安全性，因为即使我们没有那种爆款稿件，我们的本职任务也只是承担党的宣传工作。但如果是《华西都市报》、封面新闻，那肯定时效性是首位的，有流量才有活路。（A2）

在所有价值指标中，得分均值较低的依次是"戏剧性""冲突性""反差性""心理替代性"和"猎奇性"。这印证了中外新闻价值在对待冲突、矛盾时的惯有差异——这些在西方大众新闻时代的"黄色新闻潮"和"小报化"中颇受媒体重视的价值要素，在数字时代并不受新闻从业者重视。

而在上榜的数字新闻价值中，"透明性""互动性""建设性""可分享性"和"沟通性"这5个指标变异系数小于0.25；"视听性""迫切性""需要性""交互性"这4个指标也进入变异系数前20名，受到新闻从业者较为一致的认可。这9个通过从业者"检验"的数字新闻价值受到平台技术和中国媒介环境的双重影响，折射了数字时代新闻价值的构建路径，下文将结合访谈内容展开论述。

一、价值客体拓展：从"新闻文本"到"新闻产品"

数字新闻价值构建的路径之一是价值客体[①]的拓展与革新。研究发现，

---

① 杨保军. 新闻价值观念与新闻价值创造［J］. 国际新闻界，2003（3）：45-50.

在数字媒介技术的迅猛发展下，新闻从业者进行价值判断的对象由过去较为单一的"新闻文本"变为融合了视听要素、交互体验、时空情境等多重元素的"新闻产品"，新闻价值衡量的维度也随之丰富。

上榜价值指标中包括"视听性""迫切性"和"交互性"。这表明平台的"多媒体"特质使受众追求更加多元的感官刺激与更丰富的交互方式，促使新闻评价标准进行调整。尤其当下技术普及使信息传输更加便利，在各家媒体均已掌握基本新闻事实的情况下，具备引人注目的视听素材、调动受众的情感反应、满足受众的主动交互需求……成为新闻产品的增量价值。

> 卫星看四川啊，慢直播啊，VR 体验三星堆啊，鸟瞰天府机场啊，内容的呈现方式变多了。原来只能通过图文，顶天了图拍得高级一点，但还是瞬间的记录，或者远距离地观看。现在可以让受众长时间地看一个事发地，或者说可以近距离地看一些新闻……在同等时效下，能竞争的就是技术花活了。（A2）

"需要性"上榜也存在重要的技术背景，即移动互联网设备的普及，加上配套的智能算法推荐、穿戴设备及定位服务，使用户场景化、个性化的需求客观上能够被感知，进而影响了新闻从业者的生产实践与价值选择。在传统新闻价值中，"接近性"作为"需要性"的基础，虽然得分均值高于平均水平，但变异系数较低，即新闻从业者总体上认为这一指标较为重要，但内部意见存在分歧；相比之下，从业者对"需要性"意见的协调程度更高。这说明在数字时代的新闻生产中，"受众"始终是重要的考虑因素；但相较于过去单单考虑目标受众群体的身份以及利益关切，数字时代的新闻从业者越来越多地关注受众阅读新闻时所处的具体时空情境，包括重大节庆、生活轨迹等。

生产新闻（文本）需要采编，获取知识、获取新闻，但是融媒体产品，你可能就造一个"场"就好。像《人民日报》的军装照它就没有内容，你要摆脱采编的思维。举个例子，比如说元旦了，我们要做一个内容的策划，然后你要想用什么样的形式可以更好地围绕这个主题表达内容。（A1）

报道本身是面向哪些受众的，哪一些是和人们关心的东西更相关的，我们要把这些信息加入标题中。这个可能有点抽象。我记得之前编过一篇稿子，是浙江舟山有一个新增的确诊病例，我写的稿子就是类似"浙江舟山：新增一例确诊病例"，但是我们的带班编辑改了之后，就是"浙江新增一例病例，曾乘坐大巴车"。就是你要选择哪些信息去上题。（A4）

二、价值主体彰显：技术介入下的"人"

数字时代新闻价值构建的另一路径在于"人"作为价值主体的地位凸显。在技术日益渗入新闻生产各个环节的前提下，新闻从业者不断探索人与技术如何协同共生。尤其在价值判断与把关环节，研究发现，技术的介入一方面为传统价值要素的实现提供了替代方案，从业者发挥能动性，推动传统价值解构革新；另一方面，中国从业者普遍认为技术无法独立完成价值把关，这一认知"倒逼"新闻从业者强调特定新闻价值要素，以彰显"人"在人-机协同关系中的主体地位。

首先，用户数据的可量化为新闻价值的衡量提供了更多渠道。上榜指标中的"可分享性""互动性"折射了新闻工作者针对受众以平台为主的新闻消费习惯而进行的策略调整。新闻工作者从过去主要依靠自身经验判断一则新闻的价值，到现在能够将平台数据作为辅助。当数字平台成为新闻生产者和消费者之间交流的桥梁时，用户的转发、点赞、评论等互动行为数据间接成为新闻内容的"影响力""时新性"等价值的衡量指标。可被更直观量化的"互动性""可分享性"成为新闻从业者衡量经典新闻价值的途径之一。

> 我觉得在这里编片子像做菜一样，你是做出一道菜给观众品尝，他们爱吃不爱吃，你从数据上就能看出来……以往我们做的一些政治性很强的内容，必须要靠很有经验的老编辑，通过他对于这种模糊的东西进行判断。如果能借助技术去分析量化一下舆情会更好一些。（A4）

> 收藏量、阅读量、转发量可以比较直观地反应新闻好坏……如果大家反响平平，能称作是好新闻吗？（A7）

值得一提的是，可量化的用户数据有时与其他依赖主观判断的新闻价值会出现矛盾。面对这种情景，中国新闻从业者普遍更倾向于依据后者设置价值底线，但不同媒介形态、媒体属性的从业者会出现程度上的差异。传统媒体，尤其是主流媒体，往往有国家的政策支持与财政补贴，"对商业流量的依赖性较小"（A3），为了"扩大传播面"（A5），从业者往往在"保持自身调性和专业度"（A6）的前提下关注阅读量、点击率等反映影响力的互动数值，从而调整自身的新闻生产。

> 我感觉新华社和《人民日报》好像并不是特别怕受到算法的影响，一是它们自己有资金去建立自己的平台，《人民日报》客户端还有新华社客户端。第二，它们自己本身影响力就很大，它们不要求在算法上能特别吸引你，你自己也会来关注它们，因为它们这里的信息比较权威。（A3）

> 我们还是以记者和编辑的（主观）判断来评判的，最后的阅读量或者传播效果占的比重不会特别大。如果有好的传播效果的话，在激励机制上是会有额外的奖金的。我在开会的时候也碰到过很多，就是

主编说这篇稿子特别好，分析怎么好，大家也表示认同，然后会说可惜点击量、阅读量什么的都不破 10 万，于是感叹一下就没有了。（A5）

相对于传统媒体，新媒体生存与竞争的压力更大，从业者往往更关注传播效果的量化数据，更清晰地感知到量化指标与算法参与给价值判断带来的掣肘与压力。即便对于"时新性""影响力""机构议程性"等在传统媒体组同样得到认可的指标，新媒体从业者在谈及"动机"时也更倾向于提及自身在市场竞争中的位置与策略，而传统媒体从业者往往强调社会责任与社会效益方面的考量。

> 我们主编特别看重微信的阅读量，微信后台有个可以计算的数值，好像是叫打开率还是什么的。他会觉得一定要维持到一个水平才是好的，可能满分是 5，要达到 3 以上才算正常的水平；如果低于 3 的话，就会说你这篇稿子不好什么的。所以说我们还是会受制于平台，包括这种技术带来的牵制。（A6）

> 我是会关注这个数据的。如果有的时候发现数据可能不是那么好，（我就会认为）可能因为它不是大众所关心的问题，然后做调整。因为现在没办法，就是整个时代如此，大家也确实是需要我们提供给大家这些消遣类的内容。（A8）

其次，技术的介入影响中国当下的媒介环境。媒介环境形成于媒介与社会长期的信息传播和人际互动，潜移默化地影响着媒体从业者的价值观念。一方面，在"党管媒体"的原则指导下，中国的新闻机构服务于维护国家意识形态安全、提升民族文化自信、提升国际形象等宏观布局，受到法律规制与伦理引导等多重规范①；另一方面，随着数字平台技术的发展，

---

① 朱清河. 中国共产党"党管媒体"的历史回溯与未来展望［J］. 青年记者，2021（12）：14 -17.

越来越多的社会主体获得"麦克风",大量信息鱼龙混杂催生"后真相",专业新闻媒体的公信力受到挑战。

在这一背景下,上榜指标包括"沟通性""透明性""建设性"。"沟通性"佐证了新闻媒体引导舆论的意识。从业者通过紧密关注舆情变化,精准锚定社会中存在的意见对抗与利益冲突,据此引导舆论走向,维护自身所处媒体机构的口碑与公信力。

> 现在可能我国台湾啊、中印边界啊冲突也比较多,所以对我们报社来说,我们的作用就是去引导舆论、引导价值。所以我们国防和军事每次发的东西都是有它的引领价值在的。(A5)

"透明性"作为新闻客观性的发展传承,即便具体实践依然未能超越"有限披露"的局限,但中国从业者已经普遍认可以"展示数据来源与方法"为基本内涵的透明性概念,佐证了"透明性"作为一种"策略性仪式"① 正在被接纳为数字时代新闻业的基础概念与职业规范②。"建设性"上榜,佐证了积极承担社会责任、参与解决社会问题已成为数字时代中国语境下新闻业"重塑信任"的路径之一。

在解释这三个指标的选择时,多名从业者强调了技术发展的推动作用。具体而言,在数字时代日益复杂多变的媒介环境之下,信息传播的速度和广度大大提升,专业新闻机构的社会责任也随之增加,新闻从业者发挥自身专业素养对新闻价值进行把关变得尤其重要。

> 一方面是因为信息传输更便利,在短时间内很多人可以看到这个稿子,另外一方面就是你这个东西发错了的话造成的影响力比以前更

---

① 白红义,雷悦雯. 作为策略性仪式的新闻透明性:一种新职业规范的兴起、实践与争议[J]. 全球传媒学刊,2022,9(1):129-145.

② 涂凌波,张天放. 数字时代如何理解新闻透明性?[J]. 全球传媒学刊,2022,9(1):146-162.

大了，所以可能会倒逼记者和编辑增加这种把关的环节。(A3)

　　目前来说我们是需要这样的专业的媒体的，特别是在中国国情下，我们需要有一定学识、有经验、有塑造、经过专业培训的人来做这部分工作，这个是很重要的。因为人需要去引导，不能让新闻内容的市场更混沌。我们这个市场如果没有主导性力量，会导致整体的节奏和气氛向下滑，会很混乱。(A1)

虽然从业者普遍认可技术能够在量化传播效果、检查修改措辞、智能配音、信息检索与整合等方面为新闻生产提供帮助，但一旦涉及价值判断，仍然需要专业新闻从业者本人在实践中不断深入理解、主观把控；尤其在需要新闻发挥舆论引导、价值引领作用的情境下，从业者作为"人"基于职业素养与经验积累的主观判断尤其难以被技术所取代。

　　对于新闻价值的认同，你需要不断地在和你的领导、你的同事、你的编辑的交流，以及和市场的反馈中磨合，因为毕竟有阅读量，有订阅机构的反应等，通过这种业绩的反应，去掌握新闻的价值到底在哪里。(A3)

　　出现这种状况还是和我们国家新闻机构的运作方式有关。因为很多东西都是很敏感的，所以说还是需要经验的判断，而并不仅仅是技术的加持，尤其是在把关这个环节，一定要靠经验来判断，而不是（单）靠这种机器的量化。(A4)

三、新旧媒介形态的影响

为了探索媒介形态是否对新闻价值判断产生影响，这里根据新闻从业者的自评情况，将其分为传统媒体（12人）和新媒体（15人）两组，分别先后进行变异系数计算与均值排序，最终选取同时满足变异系数排名前20

且得分均值排名前 10 的两组指标进行对比（见表 5-6、表 5-7）。

表 5-6　　　　　　　　　传统媒体组新闻价值指标

要素名称	价值内涵	得分均值	标准差	变异系数
时新性	是否新近发生的事实	4.58	0.90	0.20
明确性	内容是否易理解、无歧义	4.42	0.67	0.15
*利益相关性	是否与受众的利益紧密相关	4.42	0.79	0.18
机构议程性	是否符合新闻机构在意识形态、商业诉求或者政治立场上议程设置的需要	4.25	0.97	0.23
正面性	是否带有积极色彩	4.25	1.22	0.29
接近性	是否与受众心理距离接近，如与受众的生活经历或集体记忆相关	4.17	1.11	0.27
*价值引导性	是否包含"爱国主义""自我奉献""敢于牺牲"等价值层面的引导	4.00	0.85	0.21
*透明性	是否明确展示了新闻所使用的相关数据来源和方法	3.75	0.75	0.20
*迫切性	是否能够调动受众当下的情感、感官参与	3.75	1.06	0.28
影响力	是否影响力大、影响面广、能立即产生影响力	3.67	1.07	0.29

注：标*的价值指标出现在传统媒体组但未出现在新媒体组。

表 5-7　　　　　　　　　新媒体组新闻价值指标

要素名称	价值内涵	得分均值	标准差	变异系数
时新性	是否新近发生的事实	4.27	0.88	0.21
影响力	是否影响力大、影响面广、能立即产生影响力	3.80	0.77	0.20
明确性	内容是否易理解、无歧义	4.13	1.06	0.26
*视听性	是否有引人注目的素材，如照片、视频、音频等	4.00	1.00	0.25
接近性	是否与受众心理距离接近，如与受众的生活经历或集体记忆相关	3.80	0.94	0.25

续前表

要素名称	价值内涵	得分均值	标准差	变异系数
机构议程性	是否符合新闻机构在意识形态、商业诉求或者政治立场上议程设置的需要	3.80	1.15	0.30
正面性	是否带有积极色彩	3.73	0.80	0.21
＊互动性	是否容易引起受众的点赞、评论等互动行为	3.73	0.96	0.26
＊情感性	新闻事实是否能够表现人的情感	3.73	1.03	0.28
＊可分享性	是否能够促使受众在社交媒体上分享	3.67	1.05	0.29

注：标＊的价值指标出现在新媒体组但未出现在传统媒体组。

经过对比，传统媒体组与新媒体组共有6个指标重合，包括"时新性""明确性""机构议程性""正面性""接近性""影响力"。4个专属于传统媒体组的价值指标包括"利益相关性""价值引导性""透明性""迫切性"。4个专属于新媒体组的价值指标包括"视听性""互动性""情感性""可分享性"。

研究发现，数字时代传统媒体与新媒体之间的界限趋于模糊，但媒介形态与机构属性依旧对从业者的价值判断产生一定的影响。在传统媒体组独有的价值指标中，"价值引导性"与"利益相关性"佐证了传统媒体在舆论引导和社会治理方面的独特作用，说明传统媒体依旧承担着弘扬主流价值、维护社会效益的主要责任。在这样的自我定位下，传统媒体从业者往往将受众利益看做一个与社会公共利益紧密相连的整体；而部分市场化媒体从业者将"利益相关性"理解为媒体通过爆料、监督、发声等方式维护特定群体的利益。

　　社会事件当事人，他们比较认可凤凰这个平台……他们在意谁能帮他们发声，或谁能够表达他们的诉求。（A8）

在新媒体组独有的价值指标中，"情感性"这一价值指标折射出新媒体机构在数字时代人机协同关系下彰显的一种价值取向。一方面，新媒体从业者往往需要与市场化机构与用户生产内容竞争有限的注意力资源，因此某种程度上更注重在新闻内容中呈现"人情味"因素，以激发受众的情感反应；另一方面，新媒体从业者在新闻生产中往往更多地借助算法、大数据、人工智能等技术进行新闻素材的搜集、筛选与加工，这就要求新媒体从业者本人对内容的情感价值进行把关。

> 人工智能是比较笨的，你给这方面的数据，它就只会这方面的工作。你如果是新闻采集或编辑的话，如果涉及不同的新闻，像突发新闻或者是一些温情的内容，技术没有办法去感知人对于新闻价值和情感的理解，它分析不出来。（A9）

四、发现数字智能时代的新闻价值

数字时代新闻价值的判断与评价体系依然建立在经典新闻价值要素的基础上，时新性、明确性、影响力、正面性、机构议程性等传统的新闻价值要素在当下仍有蓬勃的生命力。而在数字时代被广泛讨论的新闻价值要素中，得到中国从业者普遍认可的包括透明性、互动性、建设性、可分享性、沟通性、视听性、迫切性、需要性以及交互性。认可程度较低的价值指标包括戏剧性、冲突性、反差性、心理替代性、猎奇性等。

具体而言，数字时代新闻价值的构建路径有两条。

其一是新闻"价值客体"的拓展与革新。在技术发展的条件下，新闻价值判断的客体由单一的"新闻文本"变为融合视听要素、交互功能、时空情境等在内的"新闻产品"，进而催生了"视听性、交互性、需要性"等数字新闻价值标准。新闻从业者从过去的"作品思维"向"产品思维"转变，重要区别在于更关注受众在数字时代的需求，借助算法敏锐地感知特定受众群体在具体时空情境下的全方位需要，然后借助多种媒介形态与技术手段贴近并满足受众需求。

其二是人作为新闻"价值主体"地位的凸显。当数字技术全方位地渗入新闻生产各环节后，人与技术的共在与协同互动变得不可避免，那么如何理解并处理新闻价值把关中人与技术的关系就成为新闻理论研究的重要命题。一方面，算法等技术拓展了人的能力边界，通过信息搜集整合、量化用户反馈等方式帮助从业者更高效地做出价值判断，催生"可分享性""互动性"等数字新闻价值要素成为"影响力""时新性"等传统新闻价值解构后的替代方案。另一方面，技术的普及使中国当下的媒介环境变得更加鱼龙混杂，专业新闻媒体的公信力面临挑战，同时现有智能技术水平难以实现中国语境下对新闻价值的准确把关，这促使从业者更加强调"沟通性""透明性""建设性"等需要借助自身素养与主观经验来把关的新闻价值要素，以推动新闻发挥维护社会效益、引领社会风气的职能，进而彰显自身作为人、作为专业新闻工作者的主体性。虽然有学者指出，算法技术通过优化迭代以及对人的"驯化"也体现了一定独立于人类的主体性①，但结果显示，目前技术逻辑尚未能渗入从业者新闻价值判断的核心过程——在中国语境下，新闻工作者感知到技术介入后更倾向于回归经典价值要素，并在数据量化结果和主观判断出现冲突时将后者作为价值底线。

最后，虽然传统媒体与新媒体之间的界限趋于模糊，但媒介形态与机构属性依旧对从业者的价值判断产生了一定的影响，传统媒体依旧承担着弘扬主流价值、维护社会效益的主要责任，而新媒体则面临着更多的生存与竞争压力，在新闻生产中也更多地使用技术辅助，因而更强调"情感性"要素，以便与市场化机构以及用户生产内容竞争有限的受众注意力资源，同时在主观上对内容的情感倾向与价值进行把关。

---

① 吴璟薇，杨鹏成，丁宇涵. 技术的追问：对智能新闻生产中人与技术关系的考察［J］. 新闻与写作，2022（10）：29-42.

结语

数字智能时代
新闻学研究的范式转型

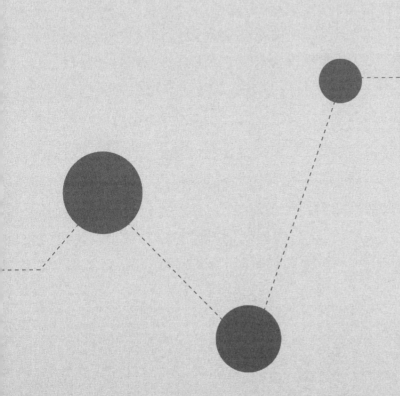

- 在物质性视角和媒介本体论的基础上，我们将新闻生产纳入人类知识生产，重新思考数字化进程、作为客体物的数据和建立在计算机语言逻辑之上的智能技术意味着什么，媒介的中介性特征是什么，将聚合与知识生产作为新闻生产的基本特征，并考虑到参与新闻内容生产的主体多元、互动性强、多级传播等特点，重新建构了一个智能新闻生产与传播模式。

- 我们将新闻生产和传播的流程进行拓展，提出广义"新闻生产"的概念。

新媒介技术通过大数据、平台化与智能化等方式彻底改变了新闻生产与传播的面貌，技术深度嵌入人的生活之中，这样的深度变革不仅需要新的范式来思考新闻传播的流程，也让人们重新审视程序员、算法技术或者智能机器人等新元素在整个新闻流程中的作用。同时，多元内容生产主体的加入也让传统大众传播模式发生了彻底变革，新闻记者与编辑不再握有内容选取与把关的特权，而更多地将其让渡给机器。这也进一步让我们反思新闻的本质是什么，技术带来的影响又是什么，新闻的未来可能是什么。

新闻的历史伴随着整个人类文明的历程，而每次媒介技术的重大变革都会带来新的媒介形式与新闻类型，并产生相应的传播模式。印刷机的普及带来的是纸媒——定期出版物与现代报业的产生；电报技术跨越大西洋后不仅让新闻实现了全球化，以"电气"（electronic）技术为特征的广播、电视时代也随之到来，声音与画面的融入让新闻传播进入"再部落化"的时代，曾经基于文字的理性和地区的区隔已不再；20 世纪 90 年代，电报技术的升级版——互联网开始遍布全球，数字（digital）时代更快的传播速度及多种媒体融合的特征让新闻的传递再次突破时间与空间的限制，从大众传播到基于人际关系的社交媒体平台上的传播，乃至基于平台的新闻生产，都让新闻的面貌发生了彻底的变化。

今天，技术的纷繁变革让我们无时无刻不处在"加速主义"的考验中，无论是信息爆炸还是后真相与反转新闻，以及近年来兴起的"新闻回避"（news avoidance）行为，都不断地提醒我们，是时候对"什么是新闻"进行反思了。

在技术不断变革的过程中，我们或许需要找到"究竟什么没有变化，人们何以需要新闻"的答案。如果特定的媒介技术对应的是特定的媒介形态与新闻传播范式，那么在多次技术革新中，所有新闻传播的共同特征是什么？近年来，技术的视角不断进入人文社科研究的视野，"本体论转向"

的提出让人们开始关注作为客体的技术和人造物在文化生产中的作用，并进一步将视角延伸到非人领域。为了摆脱媒介技术与媒介形态变迁给新闻理论研究带来的挑战问题，我们结合本体论转向，摒弃亚里士多德式的仅仅关注媒介"形式和质料"的问题，而援引海德格尔"技术本体论"的观点提出媒介本体论的视角，并结合媒介理论与媒介物质性研究，让常年被"遮蔽"在各类媒介形态背后的技术和基础设施重新浮出水面。从技术视角来进行新闻传播学研究，既可以被看做一种理论范式的创新，在某种程度上也是一种"复古"，因为早在19世纪末，媒介技术对信息传递的影响已经开始受到关注，20世纪50年代的传播学研究（如麦克卢汉、施拉姆等）中就提出技术所带来的影响问题。

在物质性视角和媒介本体论的基础上，我们将新闻生产纳入人类知识生产领域，重新思考数字化进程、作为客体物的数据和建立在计算机语言逻辑上的智能技术到底意味着什么，媒介的中介性特征是什么，将聚合与知识生产作为新闻生产的基本特征，并考虑到参与新闻内容生产的主体多元、互动性强、多级传播等特点，重新建构了一个智能新闻生产与传播模式，即中介社会传播模式。我们将新闻生产和传播的流程进行拓展，提出广义"新闻生产"的概念，也是为了更加清晰地看到用户内容生产（UGC）作为上游，以及智能分发作为下游给整体新闻生产带来的变革。在以平台为中介的新闻生产中，已经很难从角色和作用上明确区分内容生产者和消费者，所以从技术的视角来看的话，二者的角色能够实现互换也可以理解为平台化技术发展的结果。同时，中介社会传播模式在新技术面前同样可以保持解释力，即使面对近来引发热议的ChatGPT等人工智能新技术，机器自动生产内容的AIGC也可以作为媒介中介的一部分，继续在人与技术所组成的媒介网络中传播。

自工业革命以来，技术所带来的变革都在不断推进人与机器的融合——

从纺纱机成为人类器官的延伸，到电子时代广播、电视成为人的耳朵和眼睛的延伸，以及当下脑机接口与各种智能技术调节下的传感器作为外在器官极大地拓展了人的感知范围。从这个角度讲，媒介技术的发展一直都在促进人机融合。一则，技术的发展要求人们能够操作机器，适应机器的逻辑从而进行生产；二则，技术向哪一个方向发展也会受到人类的设计思维与适应能力的考验，那些过于超前或者落后的技术容易被淘汰，而只有能够适应人体、融入社会文化的技术才能发挥效用。人与技术处在相互驯化的过程中，同样，从这个角度讲，所谓纯粹的人的主体性已经丧失，人的主体性与技术的自主性在人机融合中不断交融而构成媒介网络，从而也形成了"双重的人"。所以，智能新闻生产是人与技术协同运作的结果，新闻价值的选取与新闻推送也是结合了关联算法和人工审核的。其中，人与技术的高效有序协作是智能新闻平台系统顺利运行的前提。控制论也强调了人与技术融合的过程，反馈是人与机器沟通中的重要环节。当下弱人工智能的时代，标记和分词等工作还只能由人来完成，隐藏在智能新闻生产和分发后面的是大量的隐形工作者。即使目前较为完善的ChatGPT，在技术底层仍然需要分词标记的支持。就目前的智能技术发展阶段而言，人工智能意味着技术与人的融合，而人与机器如何有效地沟通和反馈，人如何有效地使用技术，技术又如何调控以更加符合人的使用习惯，这些既是控制论研究中的核心议题，也将成为数字智能时代新闻发展中的核心技术议题。

新闻内容生产从文字、视频到数据的变迁，从本体论的角度来看，它们都共同属于"物体/客体"，这种基于海德格尔的"技术本体论"和哈曼的"物向本体论"思想，将媒介的物质性研究与知识生产的社会学联系起来。所以，任何一种形式的新闻生产都是知识生产的过程，也是将人与人、人与作为客体物的技术聚合起来的过程，在此基础上媒介关系网络得以产生。这种基于本体论视角上的新闻生产分析，突出一种"平本体论"观念，这意味着所有的物都是平等的，人与非人的区别也并不存在，曾经隐藏在内容和数据背后的基础设施在新闻生产和传播过程中的重要作用因此也浮出水面，并且进一步回应了拉图尔所提出的"行动者网络理论"。新闻传播学研究的物质性转向提出一条"物质-社会"的分析路径，在技术变迁过程中同时将人与技术都纳入思考的范围，从而也避免了"技术决定论"或技术发展过程中仅仅看到技术带来的挑战的问题。

另外，从媒介本体论来看，古今的新闻生产在本质上都是一致的。基于新闻的生产关系和生产模式，大众传播模式虽然被认为已经不适应当下的技术条件，然而其最大的问题并不在于传播模式的变革，而是在于如何理解"媒介"的概念。本体论意义上的媒介概念更为强调媒介的中介性特征，因而也能够弥补传统意义上对大众传播、人际传播、组织传播和人内传播①的区分所带来的研究视角的分裂。当技术的发展打破了原有的传播类型划分方式后，本体论意义上的媒介概念的转向显示出特有的解释力。相信在人工智能技术深入到人类生产与生活领域后，媒介研究的本体论转向将成为更为重要的思维范式与理论路径。

在媒介本体论的基础上，我们也进一步将研究的视角转向长期隐藏在背后的媒介设施，在整个新闻发展的历程中重新挖掘基础设施对时间和空间的影响，进而与新闻价值的时效性与相关性进行关联，来探讨不同媒介技术条件下的新闻变迁。在数字智能技术背景下，计算机语义关系网所带来的相关性将重新定义新闻价值。近年来，基于基础设施视角的新闻学研究也为国外学术界所关注，例如在电话/传真、汽车、打字机等媒介技术之外，空调等客体物作为一种不可见的基础设施也影响新闻室中的新闻生产

---

① 人内传播和外在技术的研究在很大程度上可以与恩斯特·卡普的"器官投射"理论进行对话，这个视角为理解和建构人内传播、人际传播以及大众传播之间的关联提供了新的视角。

与物理空间关系。①基础设施和媒介技术研究为新闻学研究领域开拓了更为广阔的视野，将人与技术/物的因素共同纳入新闻生产与传播研究，也将会成为新闻学研究的重要分析路径。

新闻学研究的范式与社会学、人类学的研究一直关联紧密，自 20 世纪 90 年代以来的本体论转向和 21 世纪初以来的"物质性转向"，伴随着近年来媒介技术的发展变迁，也开始引发新闻学研究的范式转型。卡琳·沃尔-乔根森（Karin Wahl-Jorgensen）和托马斯·哈尼奇（Thomas Hanitzsch）在《当代新闻学核心》中曾将新闻学研究的范式划分为四个主要阶段：

一是**史前—规范化研究阶段**：对应 19 世纪中期。从历史学和规范性的角度研究新闻，这一范式的很多理论源自 19 世纪中期德国批判理论，主要关心社会传播和政治协商的语境中新闻是什么，而很少关注新闻生产制作的过程和机构。

二是**实证研究转向**：对应 20 世纪中期前后。以对新闻生产过程、组织和相关人员的研究为代表，最早也最显著地出现在美国，研究视角更多的是实证的而不是规范的理论。20 世纪 50 年代传播学的发展对新闻的实证研究也产生了更多推动力，新闻学研究开始关注媒介效果和受众研究，慢慢地把注意力转移到"新闻人"和他们的专业价值观、编辑机构和工作细则上，着重讨论专业化、新闻价值理论、议程设置等概念。

三是**社会学转向**：对应 20 世纪 70 年代和 80 年代。新闻学研究受到社会学与人类学的影响，开始结合民族志和话语分析等定性方法，转为批判性地研究新闻传统和惯例、专业和行业意识形态及文化、阐释共同体、新闻文本，并关注文化议题。

四是进入 90 年代以后，伴随全球化发展趋势开始关注新闻全球化议题，

---

① MARI W. Staying cool：the impact of air conditioning on news work and the modern news-room [J]．Journalism practice，2021：1 - 20.

并产生了**比较研究转向**。①

这四个阶段的主要视角集中在 20 世纪之前，当互联网等新媒介技术进一步渗入人类生活，并伴随着社交媒体、数字平台化和人工智能等技术的发展后，新闻传播模式再次发生了转变，呈现出**"物质性转向"**的特征。新技术意味着，一方面，媒体的形式已经由原本以大众媒体为主，发展出多元的、个人化的社交媒体以及平台化媒体，大众传播模式与人际传播、人机传播深度融合。另一方面，物与技术的因素重新回归研究的视野。其实 20 世纪查尔斯·库利（Charles Horton Cooley）、伊尼斯、施拉姆、香农、麦克卢汉等的研究已经从物的角度来观照人类传播，构建出人与自然、技术与社会之间的传播关系网。由于近年来媒介技术的快速变革引发了对研究范式转型的思考，再加上新物质主义、物向本体论与媒介物质性视角，以及知识社会学、科学技术研究等跨学科研究的引入，长期隐匿在新闻生产和传播者、媒介组织之后的技术、设备和基础设施等因素的重要作用又浮现了出来。

长期以来我们对报纸等新闻媒体的研究主要从人的视角出发探讨媒介的内容与形式，报纸研究只有"报"而没有"纸"，媒介的融合也只是形式的融合而缺乏对媒介作为信息的存储、处理与传输的载体的本体研究。在新闻学研究范式转型之下，相信未来关于新闻流通过程的物质性考察，例如从纸张的角度来研究纸、油墨、排版与输入系统，媒介后生命与纸张的回收，从算法技术与文化技艺的角度讨论技术如何影响人，智能系统的底层架构如何影响新闻效果，以及 VR 新闻与具身体验等众多从技术与社会视角融合人与物等多元因素的研究，将广泛地拓展我们对新闻学研究的想象力。

---

① 沃尔-乔根森，哈尼奇. 当代新闻学核心［M］. 张小娅，译，北京：清华大学出版社，2014：6-15.

就现有研究来看，国内在媒介物质性研究上的主要成果集中在传播学领域，而在新闻学领域则非常有限，无论是从本土研究的创新性还是在与国际学术交流中建构中国特色的新闻学研究，从媒介本体论、技术与媒介物质性视角出发并结合中国自身新闻传播实践来探寻新闻传播规律的研究都具有重要意义。

此外，更为重要的是，目前与媒介物质性与本体论转向相关的理论具有浓厚的西方文化和历史特色，那么它应该如何与中国语境对接、与马克思主义新闻观和中国哲学及传统媒介思想对话？如何通过媒介来打通中西思想，形成跨越文化语境的学术对话，并回应当下中国新闻传播研究中的实际问题？实际上，当前在马克思主义理论研究、中西技术哲学[①]和媒介哲学研究中已经形成比较丰富的成果，这些都将成为新闻学研究物质性转向与中国特色新闻学研究体系建构的重要思想源泉。

---

① 如道家关于物的思想、道器哲学思想等。

图书在版编目（CIP）数据

人工智能如何改变新闻：技术、媒介物质性与人机
融合/吴璟薇著 . -- 北京：中国人民大学出版社，
2023.9
（新闻传播学文库）
ISBN 978-7-300-32206-3

Ⅰ.①人… Ⅱ.①吴… Ⅲ.①人工智能-应用-传播
媒介-研究 Ⅳ.①G206.2-39

中国国家版本馆 CIP 数据核字（2023）第 175421 号

新闻传播学文库
人工智能如何改变新闻
技术、媒介物质性与人机融合
吴璟薇　著
Rengong Zhineng Ruhe Gaibian Xinwen

出版发行	中国人民大学出版社	
社　　址	北京中关村大街 31 号	**邮政编码**　100080
电　　话	010 - 62511242（总编室）	010 - 62511770（质管部）
	010 - 82501766（邮购部）	010 - 62514148（门市部）
	010 - 62515195（发行公司）	010 - 62515275（盗版举报）
网　　址	http://www.crup.com.cn	
经　　销	新华书店	
印　　刷	北京昌联印刷有限公司	
开　　本	720 mm×1000 mm　1/16	**版　　次**　2023 年 9 月第 1 版
印　　张	13.5 插页 2	**印　　次**　2025 年 7 月第 2 次印刷
字　　数	172 000	**定　　价**　59.80 元